Pascal Deloche
Philippe Granjon

Médecins de l'Impossible

Piège mortel au Vietnam

Sous la direction médicale
du docteur Alain Deloche

HACHETTE
Jeunesse

SÉRIE *MÉDECINS DE L'IMPOSSIBLE* DANS LA BIBLIOTHÈQUE VERTE

Zone interdite en Bosnie
Clandestins chez les Touaregs
S.O.S. Guatemala
Eaux troubles à Bangkok
Piège mortel au Vietnam

24, boulevard Saint-Michel, 75006 Paris

Préface

Il n'est plus possible de l'ignorer. Le malheur — famine, guerre, épidémie — fait chaque jour des milliers de victimes innocentes. Leur seul tort : être nées dans des contrées moins favorisées que la nôtre, à seulement quelques heures d'avion. Cette injustice du lieu de naissance, je la connais bien pour l'avoir combattue depuis plus de vingt ans, d'abord à Médecins Sans Frontières, puis à Médecins du Monde. Parmi les premiers, j'ai accepté de partir bénévolement, renonçant à mes vacances, pour aller soulager ceux qui souffrent : enfants, adultes, vieillards... Ceux que l'on appelle désormais les « French doctors » sont des milliers à parcourir la planète en tous sens pour porter secours à ceux qui ont faim, qui ont mal, et dont la vie est en danger. Médecins, infirmiers, logisticiens ou reporters, ils partent pour soigner, mais aussi pour dénoncer l'inacceptable. Dans les médias, ils incarnent les aventuriers d'aujourd'hui.

Ludovic et Prune, les héros de la série « Médecins de l'Impossible », sont à l'image de ces femmes et de ces hommes, souvent jeunes, qui acceptent de quitter leur confort, leur famille, leurs amis, leur métier... pour un mois, deux mois ou parfois plus. Leur vie et leur caractère ont été construits à partir de personnages réels. Car les deux auteurs, Pascal Deloche et Philippe Granjon, connaissent bien le milieu humanitaire. Reporters, travaillant bénévolement pour le magazine de Médecins du Monde, ils nous ont suivis sur la plupart de nos missions, pour témoigner de nos actions et du malheur qui frappe aux quatre coins du monde. A la fois journalistes et humanitaires, ils étaient les mieux placés pour entreprendre « Médecins de l'Impossible ». Chaque roman se nourrit d'une réalité qu'ils ont côtoyée.

De la jungle du Guatemala au désert touareg, des bas-fonds de Bangkok aux oubliés du Vietnam, « Médecins de l'Impossible » va vous faire voyager, découvrir d'autres peuples, comprendre d'autres cultures, mais aussi prendre conscience de nombreuses injustices...

Peut-être même cette série suscitera-t-elle des vocations chez certains d'entre vous qui viendront, dans quelques années, prendre le relais des « French doctors » d'aujourd'hui.

Bonne lecture !

Professeur Alain Deloche
Chirurgien cardio-vasculaire
Président d'honneur
de Médecins du Monde

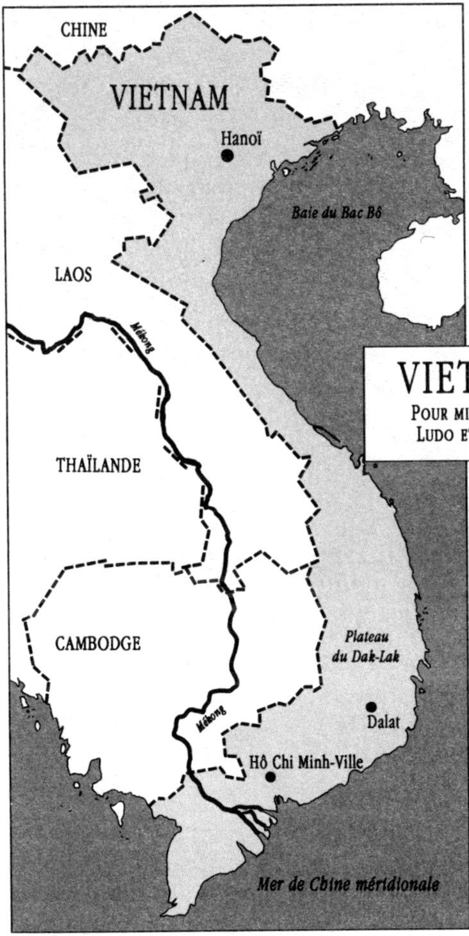

VIETNAM

POUR MIEUX SUIVRE
LUDO ET PRUNE...

1

« Good morning, Vietnam »

« Bon sang ! Mais qu'est-ce qu'ils fabriquent ? Personne pour nous accueillir à l'aéroport ! Toujours personne ici... Ça ne leur ressemble pas. Surtout Valentin, toujours réglé comme une pendule ! »

Ludovic Delcourt arpentait comme un ours en cage la petite chambre d'hôtel aux murs délavés. Il n'y avait pourtant pas plus de deux heures que le jeune pédiatre et son amie Prune Loiret avaient atterri à Hô Chi Minh-Ville, la capitale du Sud-Vietnam.

Pour une fois, Prune, le nez plongé dans son sac photo, semblait plus calme que son compagnon.

« Tu ne veux pas arrêter un peu d'agiter tes grandes guibolles ? Regarde, tu es déjà en nage, malgré la douche froide que tu viens de prendre ! »

Ludo s'épongea le front d'un geste impatient.

Dans l'ancienne Saigon, l'air était aussi lourd

et humide que celui d'une salle de bains surchauffée.

« Tu en as de bonnes ! grommela-t-il. Sans les documents qu'ils devaient nous apporter, je me demande bien comment on va se débrouiller... »

Sûre de son charme, la jeune fille leva sa jolie frimousse et planta ses yeux vairons — l'un bleu, l'autre vert — dans le regard clair du jeune homme.

« Tss, tss... tu crois peut-être que Tonio va me laisser tomber comme ça ? »

Antoine Fratelli, dit Tonio, anesthésiste de son état, avait toujours eu du mal à cacher son faible pour la jeune photographe. Il faut dire qu'au siège de l'UMI, l'association humanitaire pour laquelle elle travaillait bénévolement, la pétillante Prune comptait plus d'un « fan ».

« Eh bien, madame la séductrice va être heureuse, lança Ludo, penché à la fenêtre. Voilà ton chevalier servant. »

Au loin, sur le trottoir, le jeune pédiatre venait de distinguer, dans le flot incessant des piétons et des deux-roues qui envahissait la rue, la silhouette rondouillarde de Tonio Fratelli. A son côté, le chirurgien Valentin Rivière paraissait d'autant plus mince et élancé, malgré ses soixante printemps.

« Je te l'avais bien dit ! » s'écria triomphalement la jeune fille.

Ravie, elle s'élança hors de la chambre et dévala les escaliers. Ludo la suivit à grandes enjambées. Malgré le décalage horaire et les 18 heures d'avion, le jeune pédiatre ne sentait pas la fatigue, tant il avait hâte de découvrir ce pays qui le fascinait depuis longtemps. Jamais il n'avait pu oublier les images dramatiques des « Boat People », ces Vietnamiens fuyant leur contrée natale sur de minuscules barques en bois au péril de leur vie. Mais cela remontait à plusieurs années et à présent le Vietnam commençait à s'ouvrir aux étrangers...

« Salut, vieil ours des Pyrénées ! s'écria Prune en sautant au cou de l'anesthésiste.

— Mais c'est ma chipie préférée ! » répondit Tonio, en ébouriffant affectueusement la chevelure auburn de la jeune fille.

Ludo apparut à son tour sur le perron de l'hôtel, clignant des yeux sous la lumière blanche. Comme il s'approchait du groupe, il découvrit avec surprise qu'un troisième larron accompagnait ses deux amis de l'UMI.

« Bienvenue au pays du Dragon ! lui lança Valentin. Et désolé pour ce retard. Une intervention difficile à terminer... Je te présente le docteur Nguyen Van Lam, chef de service de l'unité chirurgicale de l'hôpital *Grall*. Un grand professionnel. »

Tonio et Valentin étaient en effet sur place depuis une quinzaine de jours, pour former le personnel médical aux récentes techniques de chirurgie et d'anesthésie.

Ludo serra vigoureusement la main que lui tendait l'inconnu, un Asiatique aux cheveux blancs qui respirait une calme assurance.

« Le docteur Valentin m'a beaucoup parlé de vous, fit le docteur Lam dans un français un peu saccadé.

— En tout cas, félicitations pour votre français, dit Ludo en haussant la voix pour couvrir le vacarme d'un triporteur pétaradant.

— Oh, je n'ai guère de mérite ! lui répondit le médecin avec modestie. J'ai longtemps travaillé avec des chirurgiens français, quand le Vietnam était une colonie française. De nombreux bâtiments attestent encore de cette époque, vous le verrez... C'est d'ailleurs dans une ancienne villa coloniale que je vous propose de dîner ce soir. Chez Try Ky.

— L'un des meilleurs restaurants de la ville, précisa Valentin.

— Et je peux vous assurer, foi de Toulousain, que vous n'êtes pas près de l'oublier... » enchaîna Tonio avec un curieux sourire.

⁂

Les convives du Try Ky étaient installés en plein air, dans un superbe jardin exotique. Un serveur stylé guida le petit groupe vers une table ronde un peu à l'écart, l'une des dernières encore libres. Non loin, des haut-parleurs poussifs déversaient des vieux succès de Sylvie Vartan et Christophe, chantés en vietnamien.

A peine assise, Prune se jeta comme à son habitude sur la carte.

« Depuis notre départ de Paris, je rêve d'un Pho », murmura-t-elle à Ludovic, assis à sa droite.

La jeune fille raffolait de cette soupe de bœuf parfumée à la coriandre et à la citronnelle. Mais à sa grande déception, le docteur Lam passa la commande pour tous, sans même jeter un coup d'œil à la carte.

Devant la mine désappointée de la jeune fille, le médecin expliqua aimablement qu'il ne faisait ainsi que sacrifier à une vieille coutume vietnamienne : le premier soir, l'hôte se doit de choisir le menu pour ses invités. Rouge de confusion, Prune se répandit en excuses.

« Ne vous fiez pas aux apparences, plaisanta affectueusement Tonio. C'est peut-être la reine des casse-pieds, mais elle est aussi notre grand espoir de la photo... Prune est venue avec l'intention de réaliser un reportage sur les minorités ethniques du Vietnam.

— Un bien beau sujet ! approuva le docteur Lam. Savez-vous que personne ne les a approchées depuis vingt ans ? »

Prune leva les sourcils, soudain intéressée.

« Et pourquoi donc ?

— Tout simplement parce que la région des hauts-plateaux, où vivent ceux que nous appelons "les montagnards", a longtemps été interdite aux étrangers. »

Tonio eut un rire narquois.

« Connaissant la détermination de notre Prune, elle n'en est pas à une interdiction près ! Chez les Touaregs[1], si ma mémoire est bonne, Ludo et toi, vous ne vous étiez pas gênés pour vous passer de l'autorisation des militaires !

— Oui, mais cette fois-ci, nous ne sommes pas clandestins, intervint Ludo. Nous sommes même la première organisation humanitaire autorisée à travailler dans cette région.

— En voici d'ailleurs la preuve, dit le docteur Lam en sortant une enveloppe marron de sa serviette en cuir. Ceci est un protocole dûment signé par les autorités vietnamiennes. Ne le perdez surtout pas ! Il vous permettra de circuler et de travailler dans neuf hameaux de la province de Dak Lak, sur les hauts-plateaux, où vivent la plupart des minorités ethniques. »

Ludo s'empara du document que lui tendait le médecin, et se mit à l'examiner attentivement, intrigué par les multiples tampons officiels dont il était bardé. Mais soudain, il lui sembla sentir dans son dos une agitation inhabituelle. Intriguée elle aussi, Prune se retourna, et son visage se décomposa.

Elle se trouvait nez à nez avec un magnifique cobra, dont la tête menaçante se dressait face à elle.

« C'est quoi, ça ? » demanda-t-elle d'une voix blanche.

1. Lire, dans la même série, *Clandestins chez les Touaregs.*

Guère plus rassuré, Ludo se tassa sur sa chaise, veillant à ne faire aucun mouvement brusque.

Tonio, quant à lui, se tordait de rire en observant ses deux amis.

« Pas de panique ! C'est juste notre dîner. Jolie surprise, non ?

— Le cobra est excellent pour la santé, renchérit le docteur Lam, content de son effet. C'est un mets extrêmement rare et recherché, au même titre que le foie gras chez vous. Un vieux proverbe vietnamien dit : "*Celui qui rencontre un serpent en travers de son chemin, trouvera ce qu'il cherche.*" »

Les deux jeunes gens observèrent avec un dégoût mal dissimulé le « foie gras » vietnamien qui, à cet instant, évoquait tout sauf une tartine.

« Relax, Prune, dit gentiment Tonio en tapotant la main de la jeune fille. Depuis quand une langue de vipère se laisse-t-elle intimider par une langue de cobra ? »

Ludo et Prune commençaient tout juste à se détendre lorsque le serveur tira près d'eux une petite table roulante en bois. Il brandit le reptile à la hauteur du nez de Prune, avant de le poser sur un billot. Et là, de sa main droite, armée d'une machette, il trancha net la tête de l'animal.

La jeune fille ne put réprimer un mouvement de recul.

Avec l'habileté que donne une longue habitude, le Vietnamien recueillit le sang de l'animal dans une petite carafe, puis le mélangea à de l'alcool de riz. Il opéra ensuite une incision de quelques centimètres et fouilla la plaie de ses doigts pour en extirper une petite masse rougeâtre, encore palpitante, qu'il déposa dans un court verre évasé.

« Belle opération à cœur ouvert, commenta placidement Tonio.

— Hmm. Certains chirurgiens devraient venir en stage ici », acquiesça Valentin.

Un peu verdâtre, Prune se tourna vers l'anesthésiste :

« Tu veux dire que... c'est le cœur du cobra ?

— Mais oui, mon trésor... Et c'est pour toi. Avec un petit verre de sang, ça passe très bien, tu verras. »

Prune posa quelques secondes un regard incrédule sur le verre où la petite masse rougeâtre continuait à battre toute seule. Puis, les yeux soudain brillants de malice :

« C'est à Ludo que revient cet honneur, dit-elle. N'est-ce pas, docteur Lam ? »

Ludo se tourna vers Prune, visiblement peu reconnaissant du cadeau. Mais il n'eut pas le temps de protester.

« *Chop say quay* ! s'écria le docteur Lam. A votre santé, et bienvenue au Vietnam ! »

Et il avala d'un trait son petit verre de sang. Tous l'imitèrent, même Prune, qui lapa héroïquement le breuvage en fronçant le nez tandis que Ludo, les yeux fermés, engloutissait d'une bouchée le cœur encore palpitant.

« Pas mauvais », commenta-t-il sobrement, fier d'avoir surmonté son dégoût pour partager les coutumes du pays.

Une fois passées les émotions de cet étrange apéritif, ses pensées revinrent aussitôt à sa préoccupation première : la mission exploratoire dont l'avait chargé l'UMI.

« Est-ce que vous comptez nous accompagner sur les hauts-plateaux, docteur ?

— Hélas, non... Le docteur Valentin a encore beaucoup à m'apprendre. Mais n'ayez aucune inquiétude : sur place, vous serez accueillis par le numéro 1 du Comité Populaire, M. Cuong. Il sera votre interlocuteur privilégié durant toute votre mission. »

Prune intervint à son tour dans la conversation, interrogeant leur hôte sur ces montagnards qu'elle se réjouissait de rencontrer bientôt pour les photographier.

« Oh ! Vous savez, le terme de "montagnards" recouvre en fait une grande diversité de populations, précisa le docteur Lam. Le Vietnam compte facilement une cinquantaine de minorités ethniques.

— Ont-elles toujours été persécutées ? demanda Ludo.

— Non, elles étaient libres il y a moins de vingt ans. Mais certaines paient très cher le fait d'avoir combattu aux côtés des Américains et des Français durant la guerre qui a conduit les communistes au pouvoir. Chassés de leurs terres ancestrales, les montagnards vivent dans des conditions d'extrême dénuement. »

Le serveur revint à cet instant, chargé d'une marmite en terre cuite bouillonnante et d'un plat en inox.

« Soupe de cobra aux neuf herbes médicinales et cobra sauté petits légumes », annonça-t-il fièrement, avant de servir les convives.

Du bout de ses baguettes, Ludo attrapa un minuscule morceau qui flottait dans son bol et le mâchouilla lentement.

« Diagnostic, docteur ? » interrogea Prune, non sans inquiétude.

Ludo, silencieux, continuait à ruminer.

« Goût de poulet filandreux, finit-il par répondre. Tout à fait comestible.

— A ta place, Prune, je ne poserais pas trop de questions et j'avalerais ce qui risque d'être ton dernier vrai repas, dit malicieusement Tonio. On dit qu'à Ban Me Thuot, les montagnards raffolent des larves de chenilles grillées. »

Prune haussa les épaules et attaqua gaillardement son bol.

« En tout cas, recommanda-t-elle, ne faites surtout pas le coup du cobra à Delphine. Elle ne s'en remettrait pas ! »

Delphine Bernheim, jeune infirmière de l'UMI, devait les rejoindre prochainement avec le gros du matériel pour la mission. Et Prune, qui l'adorait, couvait depuis le premier jour la jeune fille d'une sollicitude toute maternelle.

« A propos, Valentin et Tonio, n'oubliez surtout pas d'aller l'accueillir à l'aéroport dans une semaine, ajouta-t-elle. Passe pour les lapins posés à Ludo et moi, nous sommes des durs à cuire. Mais elle, je la vois mal se débrouiller toute seule dans cette pagaille avec quatre malles bourrées de matériel...

— Mais c'est que je serais presque jaloux ! » s'écria Ludo, tapotant affectueusement la joue de son amie. Puis il se tourna de nouveau vers le médecin vietnamien.

« Dites-moi, docteur Lam, pourriez-vous nous expliquer en quelques mots ce qui nous attend, sur les plateaux ? Je devine que la situation sanitaire ne doit pas être brillante, mais je voudrais savoir un peu précisément où nous mettons les pieds. »

Le médecin hocha la tête en poussant un long soupir.

« Bien sûr, c'est tout naturel. A vrai dire, mon pays, dans son ensemble, est pauvre, mais les montagnards souffrent plus particulièrement d'une absence chronique de soins, car ils vivent dans des régions difficiles d'accès.

— Beaucoup de paludisme[1] et de maladies infectieuses ?

— Évidemment. Et je ne pense pas vous apprendre grand-chose en vous disant qu'il y a en outre beaucoup de cas de malnutrition.

1. Voir la fiche médicale en fin de volume.

Résultat : une mortalité infantile extrêmement élevée...

— Et les médicaments ? interrogea Ludo qui notait mentalement toutes ces précieuses informations.

— Vous touchez là au cœur du problème. Les familles sont trop pauvres pour en acheter, mais quand nous les distribuons gratuitement, elles les revendent souvent au marché noir pour acheter du riz. Moralité : nous tournons en rond. »

Ludo acquiesça en silence. Tout cela ne concordait que trop bien avec les prévisions de Jean-Paul Davranche, le président de l'UMI.

« Je comprends, dit-il, songeur. Il faudrait peut-être les distribuer à l'unité... »

Le jeune pédiatre imaginait déjà un système où les malades viendraient chaque jour au dispensaire pour avaler leurs médicaments devant un infirmier. Encore fallait-il que le dispensaire soit facilement accessible...

« Je vous laisse juge, docteur Delcourt, dit le médecin vietnamien avec un geste évasif. Au fait, près de Ban Me Thuot, la capitale de la province, se trouve une léproserie tenue par des sœurs catholiques vietnamiennes. Prenez contact avec sœur Bernadette. C'est une femme extraordinaire, et elle sera un allié précieux pour votre projet. »

Prune approuva d'un vigoureux hochement de tête, pressentant là un reportage hors du commun. Elle excellait tout particulièrement dans les portraits de ces femmes exceptionnelles, comme la jeune Maewee[1] qu'ils avaient rencontrée quelques mois plus tôt en Thaïlande.

Comme Ludo venait de reposer ses baguettes, son bol dûment vidé, Tonio cligna de l'œil à l'adresse de la jeune fille, et fourragea un instant dans sa sacoche pleine à craquer.

« J'ai une petite surprise pour toi, ô grand Ludo ! » dit-il solennellement. Et il tendit au jeune pédiatre un paquet mal ficelé. « Une petite trouvaille de derrière les fagots, ajouta-t-il. Tu m'en diras des nouvelles... »

Intrigué, Ludo déchira précipitamment le vieux journal vietnamien qui faisait office de papier cadeau.

« Fabuleux, s'exclama-t-il, heureux comme un petit enfant. Tintin en vietnamien ! C'est le plus beau fleuron de ma collection. Où as-tu déniché cette perle rare ? »

Tonio prit un air mystérieux.

« Ah... Je connais les bonnes adresses. C'est un album pirate, copié sans autorisation, ce qui explique la mauvaise qualité du papier. Les Vietnamiens sont passés maîtres dans la contrefaçon. »

Émerveillé, Ludo tournait et retournait son Tintin en tout sens, sous le regard amusé de ses amis. Seule une B.D. inédite pouvait mettre ce calme rêveur dans un tel état.

---

1. Voir *Eaux troubles à Bangkok*, dans la même collection.

Silencieux depuis longtemps, Valentin fit la preuve, une fois de plus, de son réalisme à toute épreuve.

« Ne traînez pas trop, fit-il d'un ton paternel. Il est tard et demain, vous partez à 4 heures du matin. La route promet d'être longue. Mais vous êtes en de bonnes mains. Le docteur Lam vous confie à son chauffeur, un homme de confiance. Allez, vous n'avez plus que quelques heures de sommeil pour rattraper le décalage horaire. »

Un bâillement de Prune fut le signal de la fin du repas.

2

En route vers Ban Me Thuot

« Ce n'est pas possible, mon pauvre Ludo, tu as du chewing-gum dans les biceps ! » s'exclama Prune.

Depuis près d'un quart d'heure, Ludo et Minh, leur chauffeur, bataillaient pour changer la roue avant gauche de leur minibus Toyota. Pliés en deux sur le bord de la piste cahoteuse qui menait à Ban Me Thuot, les deux hommes étaient couverts de poussière beige. Ils ruisselaient sous un soleil de plomb. A 14 heures, on se serait cru dans un four.

« Dix heures pour faire deux cent quatre-vingts kilomètres, ce n'est pas vraiment brillant ! ajouta Prune... Et je ne parle pas des trois crevaisons !

— Comme ça, au moins, tu as eu le temps d'admirer le paysage... Allez, un peu de patience. Il reste juste un boulon à serrer. On repart dans cinq minutes, je te le promets. »

Prune fit rouler le pneu vers le coffre.

« Touche du bois pour qu'on ne crève pas une

quatrième fois, ajouta Ludo. Nous n'avons plus de roue de secours, et les garages n'ont pas l'air de pulluler par ici... »

On ne voyait tout autour que le vert aveuglant des rizières en terrasses, chauffées par un soleil de plomb.

Ludo se redressa et s'essuya le visage sur la manche poussiéreuse de son tee-shirt. Debout, il dépassait Minh de deux bonnes têtes. Puis, chacun reprit sa place dans le minibus.

Assoiffés, Ludo et Prune vidèrent une bouteille d'eau d'un seul trait pendant que le chauffeur reprenait sa lente progression.

La piste, de plus en plus cahotique, longeait maintenant les montagnes. Ballotté de droite à gauche, Ludo gardait les yeux rivés devant lui pour signaler à Minh chaque pierre tranchante, synonyme de crevaison assurée.

La poussière virevoltait dans le minibus aux vitres grandes ouvertes, s'insinuant dans les moindres recoins. Pourtant, pas question de garder les carreaux fermés, sous peine d'étouffer ! Blancs de la tête aux pieds, les passagers ressemblaient à des fantômes.

« Plus que soixante-dix kilomètres. Avec un peu de chance, on y sera demain matin ! » soupira Prune.

Pour tromper l'attente, l'impatiente brunette mit son visage à la fenêtre.

Nichées aux pieds des montagnes, les rizières

vert émeraude étaient constellées de femmes courbées dont on n'apercevait que le traditionnel chapeau conique. Du matin au soir, les pieds dans l'eau, elles répétaient inlassablement le même geste pour repiquer le riz.

Prune saisit son fidèle Pentax. Elle s'apprêtait à l'armer quand un brusque coup de frein la projeta sur la banquette avant.

« Qu'est-ce qui se passe encore ? fit-elle en se redressant péniblement. On a perdu les quatre roues d'un coup ?

— Non. Pont écroulé. Route bloquée, expliqua Minh. Je vais voir. »

Le chauffeur se dirigea vers un groupe d'ouvriers qui travaillaient à une dizaine de mètres de la voiture. Armés de pelles et de brouettes, ils tentaient, sans grand succès, de réparer le pont en bois maintes fois rafistolé qui enjambait le petit cours d'eau. Minh engagea la conversation en gesticulant.

« Qu'est-ce qu'ils ont dit ? demanda Prune lorsqu'il fut de retour.

— Devoir prendre autre route, répondit Minh en cherchant ses mots. Juste cinquante kilomètres plus. Petit détour trois heures.

— Trois heures de plus... Cette fois-ci, on n'y sera même pas pour le petit déjeuner ! fit-elle, accablée.

— Je te rappelle que le Vietnam est le pays du sourire », lui murmura Ludo.

Prune décida de prendre la situation en main.

Elle sortit une carte routière de son sac photo avachi, la déplia et plissa le front en suivant de l'index une route sinueuse.

« En fait, ce petit détour a du bon, finit-elle par dire. Si mon sens de l'orientation n'est pas enfoui sous la poussière, on va passer tout près d'un des hameaux où nous devons travailler. Voilà une excellente occasion de prendre contact avec nos "montagnards", non ?... »

La petite équipe ne passa pas inaperçue en traversant le village vietnamien de Dak Mils, deux heures plus tard. Peu de minibus Toyota et encore mois d'Européens s'étaient aventurés depuis longtemps dans ces contrées reculées.

Minh se gara près d'une maison en brique qui faisait office de restaurant, d'épicerie, de station-service et de coiffeur.

« Nous laisser la voiture au village. Après, impossible rouler avec Toyota. Routes trop étroites dans les montagnes. Aller à pied. »

Tassée derrière son comptoir, une Vietnamienne aux cheveux dissimulés par un tissu bariolé les regarda descendre du minibus avec autant d'étonnement que si elle voyait débarquer des extra-terrestres. Elle faillit même s'enfuir lorsque Minh s'approcha d'elle pour lui demander la direction du hameau des montagnards.

D'une main tremblante, la vieille femme indiqua un chemin qui partait à une vingtaine de mètres de là sur la gauche.

« Ludo, tiens-toi prêt à la réanimer, j'ai l'impression qu'elle va tomber dans les pommes », glissa Prune à son compagnon.

Elle saisit son Pentax pour immortaliser la scène. Mais, déjà, le chauffeur leur faisait signe de le suivre.

Le sentier serpentait au milieu d'une plantation d'hévéas qui diffusait une ombre bienveillante.

« Arbre à caoutchouc », commenta Minh.

Il s'approcha pour montrer à Prune et à Ludo les incisions faites dans le tronc d'où s'échappait une sève blanche et visqueuse qui, en séchant, donnerait du latex. Le précieux liquide était recueilli dans une coupelle attachée à même le tronc.

Sans s'attarder, le trio reprit sa marche en direction du village des montagnards. Prune ouvrait le cortège d'un pas décidé :

« Je préfère ce petit parcours de santé à cet horrible minibus. »

Ployé sous le poids du sac photo qu'il avait galamment proposé de porter en plus de son encombrante trousse médicale, Ludo ne semblait pas de cet avis.

« Un peu d'exercice ne te fait pas de mal », ajouta Prune en lui décochant un coup de coude qui finit de l'asphyxier.

Le sentier, sinueux comme un cobra, s'élevait

maintenant sur les flancs de la montagne. Des arbres gigantesques, reliés par une épaisse trame de lianes qui se mêlaient aux racines, dressaient de part et d'autre du chemin une sorte de muraille naturelle. Dans l'air humide et chaud, la végétation tropicale en décomposition dégageait des effluves presque enivrants.

« Encore un petit effort, on arrive », fit Prune.

En contrebas, quelques toits en feuilles de latanier surnageant au milieu de cet océan de verdure indiquaient la présence du hameau.

« Village de la minorité Manang », précisa Minh.

A l'entrée du hameau, Prune et Ludo furent surpris par le silence. Seuls les poussins, les canetons et un vieux buffle attaché à un piquet animaient l'unique allée de terre battue.

« Pas une âme... murmura Ludo. Ils ont dû se cacher !

— Pas tous, regarde derrière toi ! » indiqua Prune.

Ludo se retourna et découvrit une ribambelle d'enfants silencieux. Hirsutes, couverts de poussière, vêtus de T-shirt et de shorts maintes fois rapiécés, ils évoquaient plutôt une horde de gueux en déroute.

Intrigués et apeurés à la fois, les enfants observaient les deux Européens à la peau blanche, sans oser s'approcher.

« Ils nous prennent peut-être pour des esprits

malfaisants descendus des montagnes ? » suggéra Prune.

Ludo leur fit un signe de la main :

« En tout cas, c'est sans doute la première fois qu'ils voient un Blanc d'aussi près. »

Le plus téméraire de la bande, un jeune d'une douzaine d'années vêtu d'un T-shirt "Hard Rock Café Saigon" qui lui arrivait aux genoux, se décida enfin à s'approcher. La petite troupe des enfants le suivit en gloussant et en se poussant du coude pour se donner du courage.

« Regardez, ils ont la peau bien plus foncée que les Vietnamiens, fit remarquer Prune.

— Minorités des montagnes presque noirs, expliqua Minh.

— Je crois que j'ai trouvé la recette pour vaincre leur timidité... »

Prune ouvrit son sac et en sortit quelques barres de pâte d'amande qu'elle gardait toujours sur elle en cas de fringale. Dès qu'ils comprirent que ça se mangeait, les enfants l'entourèrent.

Très vite, leur peur se transforma en curiosité. Les plus hardis tiraient sur les mèches claires de Ludo ou caressaient les poils de ses bras. Ils étaient impressionnés par une telle pilosité, rare dans les pays asiatiques. D'autres faisaient d'horribles grimaces face à l'objectif de Prune. Seul un petit garçon restait figé devant elle, comme hypnotisé.

« Qu'est-ce qui se passe, mon bonhomme ? Tu n'aimes pas la pâte d'amande ? »

Le gamin la fixait droit dans les yeux.

« Encore un prétendant que tes yeux vairons ont fait chavirer d'amour, ma belle Prune », dit Ludo, amusé.

La jeune fille écarquilla les yeux comme un hibou, ce qui fit aussitôt fuir le petit Manang, terrorisé.

Nos trois amis entreprirent de traverser le hameau, escortés par les enfants, maintenant tout à fait rassurés. De part et d'autre de la ruelle s'alignaient des maisons en bois sur pilotis à un seul étage, très allongées.

« On dirait des barques échouées au milieu de la jungle », observa Ludo.

A l'entrée, des jarres en terre cuite conservaient précieusement l'eau de pluie. Sur des sacs de toile vide, des grains de café séchaient au soleil.

« En tout cas, ils ne manquent pas de place, commenta Prune.

— Familles très nombreuses, répondit Minh. Plus il y a enfants, plus maison grande, parfois plusieurs dizaines mètres. »

Les enfants gambadaient maintenant autour d'eux et poussaient des cris de joie.

Constatant que les nouveaux venus n'étaient pas bien méchants, les adultes osaient peu à peu reprendre leurs activités. Les trois amis croisèrent surtout des hommes et des femmes pieds nus, courbés sous le poids d'une hotte chargée de bois plus haute qu'eux.

Prune prit son Pentax et photographia cette cohorte de « Pères Noël » d'un genre particulier. Dans le viseur de son téléobjectif, elle distinguait nettement les visages ruisselants, tendus par l'effort. Les charges qu'ils transportaient devaient être bien lourdes...

« Forêt est seul moyen de survivre, expliqua Minh. Tous les jours, monter dans montagnes, couper arbres et redescendre pour vendre aux Vietnamiens. Montagnard comme un chamois, passer partout. »

Ludo plissa les yeux pour se protéger du soleil :

« Tiens, on dirait qu'on vient à notre rencontre. »

En effet, appuyé sur un bâton, un vieil homme ridé qui semblait surgi du fond des âges marchait droit sur eux. Arrivé à leur hauteur, il leur offrit un magnifique sourire édenté, tout en chassant de sa canne la troupe d'enfants :

« Bienvenue dans notre village. Je me présente, Ha Rip, le doyen de cette communauté. Me feriez-vous la grâce et l'honneur de venir dans ma modeste maison ? »

Le vieil homme s'inclina respectueusement.

Prune et Ludo restèrent interloqués.

« Il parle le français comme dans un livre du XIXe siècle ! chuchota la jeune fille.

— Tout l'honneur est pour nous, monsieur Ha Rip, répondit Ludo... Mais où avez-vous appris à maîtriser aussi bien notre langue ? »

Le vieil homme leur fit signe de le suivre : « C'est une longue histoire. »

Tout en marchant à petits pas, appuyé sur l'avant-bras du pédiatre, Ha Rip lui expliqua qu'il avait été sergent dans l'armée coloniale française jusqu'à la défaite de Dien Bien Phu, en 1954, face aux communistes du Nord.

Après avoir traversé la moitié du village, ils arrivèrent devant la maison en bois de leur hôte, l'une des plus grandes du village. En haut des marches, la porte était tellement basse que Ludo dut carrément se plier en deux pour pénétrer à l'intérieur.

Plongé dans une semi-obscurité, il mit quelques instants à distinguer les contours de la pièce.

Ha Rip les invita à s'asseoir sur de petits tabourets à trois pieds, autour d'une table basse rustique, en bois de teck noirci par les ans. Puis il s'approcha en boitillant d'un réchaud à bois qu'il ranima pour faire bouillir l'eau du thé dans une petite bouilloire cabossée, jadis bleu ciel.

Ludo en profita pour détailler la pièce : presque aucun meuble si ce n'est un lourd lit en bois, sans matelas, et un coin cuisine. Posé à même le sol, un antique poste de radio Philips alimenté par une batterie de moto donnait la seule note moderne. Hormis cela, rien ne laissait penser qu'on était au XXe siècle.

Prune observait, amusée, les habitants du village qui se glissaient un à un dans la maison pour voir de plus près ceux qu'ils appelaient les « étrangers-aux-longs-nez ». Les commentaires à voix basse allaient bon train.

Le doyen du hameau déposa sur la table des petites tasses à thé dépareillées et ébréchées dans lesquelles il versa un thé bouillant. Puis il prit place à côté de Ludo :

« Votre venue est un événement. Cela fait plus de vingt ans que je n'avais pas rencontré un seul étranger.

— Vingt ans ! s'exclama Ludo.

— Vous savez, depuis la victoire des communistes du Nord-Vietnam, notre pays a connu des heures bien sombres. Nous avons vécu dans un total isolement, privés de tout... Mais quel est l'objet de votre visite ? »

Ludo avala sa gorgée de thé et pris un ton très solennel : « Nous travaillons pour une organisation humanitaire française, Urgence Médicale Internationale. Nous venons de signer un protocole d'accord avec votre gouvernement qui nous autorise à venir vous aider sur le plan sanitaire et médical... Mais vous savez sûrement déjà tout ça ?

— Il est vrai que je deviens un peu sourd avec l'âge, mais je n'ai jamais entendu parler de votre noble projet, cher docteur », répondit Ha Rip avant de bourrer sa vieille pipe en bois d'un tabac grossier.

Il s'y reprit à trois fois avant de réussir à enflammer une allumette sur un minuscule grattoir qu'il conservait soigneusement dans sa poche.

« Mais votre action est une bénédiction pour nous, poursuivit-il dans un nuage de fumée bleutée. Les autorités vietnamiennes ont toujours refusé de nous accorder un dispensaire. Au nom de mon peuple, je vous remercie de tout cœur.

— Manquez-vous vraiment beaucoup de soins ?

— Surtout les enfants, hélas ! Sans médecin et sans médicaments, ils meurent très jeunes. Et les fièvres des marais tuent même les plus solides d'entre nous.

— Fièvre des marais... sans doute voulez-vous parler du paludisme ? »

Mais Ha Rip n'eut pas le temps de répondre.

Deux hommes venaient de faire irruption dans la pièce. L'un portait une chemisette blanche et un pantalon de flanelle bon marché, l'autre un uniforme marron. Rien à voir avec les villageois, de toute évidence.

Immédiatement, Prune sentit un malaise. Tout le monde avait baissé la tête, dans la pièce où ils se trouvaient. Le brouhaha cessa aussitôt, laissant la place à un silence pesant.

« Vietnamiens ! » chuchota Minh.

Ha Rip, visiblement très ennuyé, se mit à bredouiller quelques mots à l'adresse du plus âgé. Agacé, le Vietnamien l'interrompit d'un ton sec en le menaçant du doigt. Le vieil homme baissa les yeux. Un à un, les montagnards s'éclipsaient à reculons, comme pour échapper à un danger.

Minh en profita pour glisser à l'oreille de Ludo :

« Lui responsable du Comité Populaire du hameau, M. Kiet. Sans doute prévenu par habitants du village vietnamien traversé. »

Sans un mot, Kiet les observait d'un regard scrutateur. Avec son visage effilé, il n'avait pas précisément l'air sympathique.

Sans prévenir, il fondit sur l'appareil-photo de Prune, l'ouvrit et arracha avec violence la pellicule, voilant toutes les photos prises dans le hameau.

« Photos interdites. Les étrangers n'ont pas le droit de venir ! »

La jeune photographe se leva d'un bond, bien décidée à récupérer son Pentax.

« Rendez-moi ça !... »

Ludo la retint d'un geste.

« Du calme, Prune. On n'est pas en position de force. Regarde, ils sont armés ! »

La crosse d'un pistolet dépassait en effet de la ceinture de Kiet.

Soudainement assagie, la jeune fille se laissa retomber sur son tabouret. Kiet n'avait pas bougé.

Pendant ce temps, Ha Rip et le chauffeur s'étaient recroquevillés sur leur siège, les yeux rivés sur le sol, comme sous l'effet de quelque gaz paralysant.

Le jeune pédiatre fouilla dans sa trousse de médicaments et en sortit la feuille signée par les autorités vietnamiennes. Il la tendit à Kiet :

« Voilà un document officiel qui nous autorise à venir soigner les habitants de neuf hameaux de la région, dont celui-ci. »

Le responsable du Comité Populaire du hameau s'approcha de la porte et examina avec curiosité la feuille de papier.

« Qui me dit que ce n'est pas un faux ? lança-t-il enfin, la mine soupçonneuse.

— Mais regardez les tampons officiels ! fit Ludo.

— Désolé, mais pour moi, ce n'est qu'un vulgaire bout de papier. »

Joignant le geste à la parole, Kiet approcha la flamme de son briquet Zippo du précieux document.

« Vous n'avez pas le droit ! » s'écria Prune sans réfléchir.

Le Vietnamien se contenta de ricaner.

« Rassure-toi, lui glissa Ludo. L'original est en lieu sûr. »

Décontenancé par le calme impassible du pédiatre, Kiet éteignit son briquet. Il parut réfléchir quelques instants, puis s'approcha lentement de Ludo avec un demi-sourire.

« Me feriez-vous la joie et l'honneur de venir prendre une tasse de thé dans mon humble demeure ? » dit-il d'une voix devenue soudain presque affable.

Ce brusque et imprévisible changement de ton ne disait rien qui vaille à Ludo. Fleurant un piège, il essaya de trouver une excuse pour décliner l'invitation :

« Nous sommes navrés, mais il nous reste un long chemin à parcourir avant la tombée de la nuit. »

Visiblement, Kiet ne l'entendait pas de cette oreille.

« J'insiste, fit-il d'un ton sec. Votre venue me ferait très plaisir.

— A vrai dire... nous sommes attendus à Ban Me Thuot par M. Cuong, le président du Comité Populaire de la région », dit Ludo, sûr de son effet.

Mais le nom de M. Cuong, supérieur hiérarchique de Kiet et personnage fort puissant, ne suscita pas la réaction escomptée, bien au contraire. Kiet se raidit puis, élevant la voix : « Suivez-moi !

— Vous ne pouvez pas refuser, murmura Minh. Ce n'est pas une invitation. C'est... euh, c'est une arrestation !

— Et pourquoi ? demanda Prune, abasourdie. Nous n'avons rien fait de mal ! »

Kiet se tourna vers Minh et lui adressa quelques mots en vietnamien.

« Il dit que vous espions occidentaux venus soutenir FULRO, traduisit ce dernier.

— Le *quoi* ? ? ? s'exclamèrent Ludo et Prune en chœur.

— Le FULRO, le Front Uni de Libération des Races Opprimées. »

Prune et Ludo se regardèrent, interloqués. Sans trop y croire, le jeune pédiatre fit une dernière tentative, désireux avant tout de ne pas capituler sans avoir tout essayé jusqu'au bout.

« Monsieur Kiet, il s'agit d'un terrible malentendu. Je vous demande instamment de prévenir M. Cuong. Il nous attend, et il serait sans aucun doute très fâché d'apprendre que vous vous êtes opposé à notre venue... »

Peine perdue. Kiet renouvela son invitation, d'un ton rien moins qu'aimable, cette fois. Il n'y avait plus qu'à le suivre...

3
Une bien mauvaise nuit

« On est vraiment dans un nid à rats ! » s'exclama Prune.

Du faisceau de sa lampe de poche, elle balaya la remise dans laquelle les avait enfermés Kiet. La pièce était sinistre. A part de gros sacs de riz, il n'y avait rien. Pas un rai de lumière ne filtrait par les interstices des planches. La nuit était tombée.

Pour la troisième fois, Ludo secoua de toutes ses forces la porte en bois fermée par un lourd cadenas.

« Impossible de sortir !

— Nous voilà dans de beaux draps. Ah, on peut dire que la mission commence bien ! fit Prune en décochant un coup de pied à un sac de riz. Ils vont être fiers de nous, à Paris ! »

Soudain, elle s'arrêta net :

« Vous entendez ? On dirait qu'il y a quelque chose, là-bas, souffla-t-elle en désignant un sac en toile de jute.

— Peut-être un cobra, fit Minh, encore plus pâle que d'habitude.

— Fais attention », ordonna Ludo, guère plus rassuré.

Vaillamment, il saisit le pied de l'appareil photo de Prune et le brandit au-dessus du sac suspect. Au moment où il s'apprêtait à abattre son arme improvisée, une petite voix s'éleva :

« Non. Non. Moi pas cobra ! »

Ludo fit un bond en arrière, tandis que Minh poussait un cri d'effroi :

« Un esprit des ancêtres !

— Pour un esprit, il a l'air bien vivant ! » coupa Prune en braquant le faisceau lumineux de sa lampe vers le sac.

Un garçon d'une douzaine d'années, encore tout tremblant, sortit du sac, les mains sur la tête, en signe de reddition. Tout menu, le visage rond comme une lune, les cheveux en bataille, l'enfant avait la peau foncée des montagnards.

« N'aie pas peur. Nous ne te voulons aucun mal », le rassura Ludo.

Prune lui tendit la main en riant :

« Ce n'est pas une heure pour traîner dans des sacs de riz ! »

Le petit garçon leur sourit, découvrant deux grandes canines qui lui donnaient un air de sympathique chauve-souris. Pas timide pour deux sous, il prit la parole :

« Moi, Ka'Kho, fit-il en se désignant du doigt. Moi être un Gia Lai.

— C'est le nom d'une autre minorité », expliqua Minh.

Ka'Kho enchaîna :

« Village à moi près d'ici, dans les montagnes. Mais moi habiter avec sœurs catholiques dans léproserie. Papa lépreux. Maman et petite sœur au ciel à cause moustiques. »

« Encore le paludisme », pensa Ludo.

Avant de partir, il avait attentivement relu l'ouvrage du docteur Marc Gentilini consacré à la médecine tropicale. Cette partie de l'Asie était indiquée comme une région particulièrement touchée par le paludisme, l'une des premières causes de mortalité dans le monde.

« Dis-moi, tu parles bien français, pour un petit Gia Lai ! s'étonna Prune.

— Moi parler un peu français car mon père employé dans plantation de café quand Vietnam colonie française.

— Tout cela n'explique pas pourquoi tu es ici, fit remarquer le jeune pédiatre.

— Arrêté par Kiet. Vilain homme, dit-il en imitant son air cruel. Moi avoir lettre envoyée de France. Lui fou, et croire que moi espion du FULRO !

— Décidément, c'est une maladie, constata Prune. Il voit des espions partout ! »

Ludo observa avec tendresse ce petit intrépide, dont les jambes, aussi maigres que des cure-dents, flottaient dans un short troué en plusieurs endroits.

« Comment se fait-il que tu reçoives des lettres de France ? s'étonna le jeune pédiatre.

— Moi parrainé par famille française à Nantes. Vous connaître ? Eux envoyer argent pour études et médicaments. Famille avoir un fils, François. Nous amis par lettre ! »

Ludo prit la lettre que le jeune garçon lui tendait fièrement et la lut à haute voix.

« *Cher Ka'Kho,*

J'espère que tu vas bien et que tu as de meilleures notes que moi à l'école. J'aimerais beaucoup avoir des photos de ton village, mais je sais que c'est difficile. Peut-être que tu pourrais me le dessiner avec les feutres que nous t'avons envoyés. J'espère que tu as bien reçu les cartes postales de Nantes. Peut-être, un jour, tu pourras venir chez nous. Ce serait drôlement bien.

Maintenant, dès que je mange du riz, je pense à toi, car tu m'as dit dans ta dernière lettre que tu n'avais presque rien d'autre à manger. Maman et moi t'avons envoyé des sablés nantais au beurre.

J'attends avec impatience ta prochaine lettre. Nous t'embrassons tous, toi et ton père.

François. »

« Vous voir, moi pas espion ! Moi avoir peur pour papa et sœurs qui doivent me chercher partout, expliqua Ka'Kho au bord des larmes. M. Kiet veut envoyer moi dans camp de redressement avec enfants voleurs.

— N'aie pas peur, le rassura Ludo en lui passant la main dans les cheveux. Je te promets que nous allons nous occuper de toi... Mais avant tout, il faut qu'on sorte. Dis-moi, tu ne connais pas un moyen pour partir d'ici ?

— Moi déjà cherché. Pas vu. Peut-être demain... Mais maintenant, vous pas faim ?

— Il a raison, intervint Prune. Commençons par trouver quelque chose à nous mettre sous la dent. Ça remontera le moral des troupes.

— On peut se faire un peu de riz, ce n'est pas ce qui manque, suggéra Ludo.

— Bien observé, Ludovic Delcourt. Mais le riz cru, c'est un peu indigeste, non ? »

Ka'Kho sortit de sa poche un petit rouleau vert, qu'il déplia avec précaution.

« Moi avoir casse-croûte ! C'est comme ça que dire en français, non ? »

Prune le félicita.

« Qu'est-ce que c'est ? demanda-t-elle intriguée.

— C'est *soy*, feuille de bananier roulée avec riz gluant et noix de coco, expliqua Ka'Kho en offrant à Prune le curieux sandwich.

— Repas des pauvres », commenta Minh.

La jeune fille soupesa le *soy*, puis lança au gamin un clin d'œil malicieux.

« Qu'est-ce qu'on ferait sans toi mon petit Ka'Kho ! »

Elle sortit son vieux couteau suisse de la poche arrière de son jean délavé et entreprit de partager le *soy* en quatre parts égales.

« En tout cas, l'emballage plairait aux écologistes », remarqua-t-elle.

En effet, la feuille de bananier qui entourait le riz était on ne peut plus biodégradable. On pouvait la jeter n'importe où.

Le frugal repas fut avalé en moins de trente secondes. Après quoi, Ludo fit une dernière fois le tour de la remise, à la recherche d'une hypothétique issue. Mais il dut se rendre à l'évidence : ils étaient bel et bien prisonniers.

Condamnés à rester inactifs, tous s'endormirent bientôt comme des masses. Demain, il ferait jour...

« Hein ? Quoi ? Qu'est-ce qu'il y a ? »

Ludo, échevelé, bondit du sac de riz qui lui faisait office de matelas. Impossible d'en douter : il avait bel et bien été réveillé par le crissement d'une clef. Il secoua ses compagnons.

« Debout ! On a de la visite. »

Lentement, la porte s'ouvrit, laissant passer une lumière aveuglante. Ludo cligna les yeux. En contrejour, il distingua une petite silhouette rondouillarde qui s'avançait vers eux.

« Je suis M. Cuong, le président du Comité Populaire de la province, fit l'homme en lui tendant une main grassouillette.

— Ce n'est pas trop tôt ! » grommela Prune, encore mal réveillée.

Le nouvel arrivant observa les jeunes gens derrière ses épaisses lunettes que retenait un petit nez en pied de marmite.

« Je suis vraiment confus, s'excusa-t-il. Je... euh. Je ne comprends pas. C'est un affreux malentendu. J'espère que vous ne garderez pas un trop mauvais souvenir de cette désagréable mésaventure.

— Il est vrai que comme comité d'accueil, on peut faire mieux, grommela Prune.

— Tout le monde peut se tromper ! enchaîna Ludo avec tact. Mais ce qui paraît incroyable, c'est qu'on nous ait pris pour des espions du FULRO... Nous ne savons même pas de quoi il s'agit ! »

Cuong parut gêné. Il remonta la mèche grasse qui lui barrait le visage.

« Oh !... c'est une dangereuse organisation qui tente de soulever les minorités ethniques contre le gouvernement », expliqua-t-il, évasif.

Ludo restait sceptique. Tout cela venait de ce que Cuong n'avait averti personne de leur venue. Mais pourquoi, justement, une telle négligence ?

Au moment où le jeune pédiatre allait poser la question, Cuong fit un signe de la main aux deux policiers en civil qui l'attendaient sur le seuil. Une femme apparut dans l'encadrement de la porte. Le président du Comité Populaire l'invita à s'approcher :

« Je vous présente Mme Yen, notre directrice de la santé pour la province de Ban Me Thuot. »

La jeune femme, qui semblait toute menue à côté de Cuong, s'avança de deux pas et les salua timidement. Son visage fin encadré par de longs cheveux noirs paraissait dessiné à la plume.

Profitant de cette ambiance plus détendue, Prune demanda du même coup la libération de Ka'Kho. Elle résuma le contenu de la lettre, ajoutant qu'elle se portait garante de son innocence. Cuong acquiesça sans enthousiasme. Mme Yen, en revanche, parut ravie, quoiqu'elle s'abstînt prudemment de tout commentaire.

« Permettez-moi de vous escorter jusqu'à Ban Me Thuot, offrit obligeamment M. Cuong, en leur faisant signe de sortir de la remise. Mais tout d'abord, je vous invite à ma table : une bonne tasse de thé ne sera pas de trop pour me faire pardonner... »

Tout en béton gris, l'hôtel Thang Loi de Ban Me Thuot ressemblait davantage à une caserne qu'à un palace. La chambre, d'un jaune pisseux, sentait l'humidité et la crasse. Mais Ludo et Prune n'avaient pas eu le choix, c'était le seul hôtel de la ville. Et puis, leurs missions à travers le monde les avaient habitués à bien pire.

Après une nuit réparatrice, les deux jeunes gens se préparaient à rejoindre Cuong dans le hall. Le président du Comité Populaire leur avait promis de les emmener visiter les villages des minorités en début de matinée.

« Attends-moi, j'en ai pour deux minutes ! » lança Prune qui finissait de nettoyer ses objectifs.

Comme toujours, elle apportait un soin presque maniaque à l'entretien de son matériel photo.

Ludo, lui, venait de remonter de la réception où il avait tenté d'envoyer une télécopie à Paris pour tenir l'UMI au courant de leurs mésaventures. Peine perdue ! Comme on pouvait s'en douter, le fax ne passait pas.

« Ils ne sont vraiment pas prêts à recevoir des

touristes, dit le jeune homme en soupirant. Tu as vu la crasse des draps ? Sans compter la salle de bains qui n'a jamais dû voir une éponge depuis des années !

— En tout cas, on ne s'ennuie pas, au moins ! J'ai passé ma nuit à chasser le cafard géant. Des spécimens d'au moins quatre centimètres de long ! Foi de Prune, je n'en avais jamais vu d'aussi grands que ça. »

Elle étouffa un bâillement.

« Et pour la musique, symphonie en Moustique majeur. Un bonheur !

— Ah bon ?

— Évidemment, comme d'habitude, tu n'as rien entendu. Tu dormais comme un loir. »

Prune referma son sac photo et se leva de son lit pour aller guetter Cuong par la fenêtre. Leur chambre donnait sur une grande place au milieu de laquelle trônait, en guise de statue, un vieux char soviétique abandonné. C'était le premier char à être entré dans la ville, en 1975, pour la libérer de l'occupation américaine, leur avait précisé le président du Comité Populaire. Ironie de l'histoire, il servait aujourd'hui de terrain de jeu aux enfants...

Tout autour, dans un nuage de poussière, un ballet de deux-roues menait une danse désordonnée. Les piétons, en cascadeurs intrépides, évitaient par miracle ou par habitude l'assaut de ces pétrolettes endiablées. Fascinée, Prune ne parvenait pas à détacher son regard de ce spectacle étonnant.

« Ils n'ont pas de freins, ou quoi ? Personne ne s'arrête au feu !

— En tout cas, on est sûr au moins qu'ils ont des klaxons », dit Ludo en refermant la fenêtre.

La capitale de la province de Dak Lak, comme toutes les villes vietnamiennes, était bruyante et animée. Depuis la fin de la guerre, les autorités avaient encouragé les Nord-Vietnamiens à venir s'installer dans cette région réputée pour ses plantations de café et d'hévéas. Résultat : la population avait plus que doublé.

« Déjà 10 heures, fit Ludo. Minh doit nous attendre à la réception. »

Il attrapa son encombrante mallette médicale, Prune son sac photo, et tous deux sortirent en hâte, impatients de commencer enfin leur mission.

Arrivés en bas de l'escalier, les deux jeunes gens constatèrent avec surprise que le hall était désert. Pas de chauffeur !

Ludo s'approcha d'un comptoir en bois sur lequel étaient collés deux posters jaunis représentant des éléphants parés pour la chasse, sans doute là pour épater quelque improbable touriste.

« M. Minh, la personne avec qui nous sommes arrivés hier, est-il encore dans sa chambre ? » demanda Ludo à la réceptionniste, le nez plongé dans un livre.

La jeune femme lui répondit sans hésiter :

« A part une délégation d'hommes d'affaires japonais, vous êtes seuls dans l'hôtel. Désolée. »

Puis elle se replongea dans sa lecture.

« Mais enfin, insista Ludo, je suis pourtant sûr de l'avoir vu prendre la clef de sa chambre. Vous devez vous tromper. »

Avec un soupir, la réceptionniste ouvrit le registre où étaient inscrits les arrivées et les départs de tous les clients :

« Effectivement, concéda-t-elle comme à regret, M. Minh était là hier soir...

— Vous voyez ! triompha Ludo.

— ... Mais il a quitté l'hôtel ce matin de très bonne heure.

— Vous voulez dire qu'il est parti !

— Il a rendu sa chambre à 6 heures. »

La jeune femme retourna à son passe-temps favori. Il n'y avait plus rien à en tirer.

Ludo, éberlué, se tourna vers Prune :

« C'est incroyable, il ne s'est quand même pas volatilisé comme ça, sans raison ! »

La jeune fille secoua la tête, non moins étonnée.

« Il serait au moins venu nous prévenir... ne serait-ce que pour se faire payer ce qu'on lui doit. »

Après un long silence, Ludo formula à voix haute ce que tous deux pensaient sans oser se l'avouer :

« Tout cela ne me dit rien qui vaille... »

4
Trop beau pour être vrai

Les deux jeunes gens sortirent sur le perron de l'hôtel juste à temps pour voir arriver M. Cuong dans son 4 × 4 Mékong gris, fabriqué au Vietnam, comme son nom l'indique.

« Tiens, il est venu avec du renfort », nota Prune en désignant la vieille Volga noire qui précédait la voiture du président du Comité Populaire. Sa plaque minéralogique de couleur verte attestait que la voiture appartenait au gouvernement. A bord, quatre Vietnamiens en veste sombre dissimulaient leurs yeux derrière des Ray-Ban.

« En tout cas, je n'aimerais pas me retrouver nez à nez avec ces types en pleine jungle, poursuivit Prune, intriguée par ce curieux cortège.

— Ne t'inquiète pas. A mon avis, cette escorte signifie que Cuong nous traite comme des hôtes de marque.

— Dis plutôt qu'il veut nous impressionner... »

Le président du Comité Populaire arrêta sa voiture à leur hauteur. Assise à l'avant, Mme Yen leur adressa un grand sourire. Elle avait piqué dans ses cheveux une fleur de jasmin qui lui seyait à ravir. La Volga attendait quelques mètres devant.

« J'espère que vous avez bien dormi, fit Cuong, plus affable que jamais, en descendant de la voiture.

— Très bien ! La chasse aux cafards fut excellente », répondit Prune.

Cuong ne releva pas l'allusion.

« Vous n'auriez pas vu M. Minh, par hasard ? » interrogea Ludo, toujours préoccupé par le départ précipité de son chauffeur.

Le visage de Cuong se fendit d'un large sourire :

« Ah oui ! M. Minh... Il m'a fait prévenir ce matin qu'il devait retourner de toute urgence à Saigon, pour des raisons familiales. Rien de grave, rassurez-vous. »

Du haut de son mètre quatre-vingts, Ludo tenta de capter le regard fuyant du Vietnamien.

« Attendez... Vous voulez dire que Minh a pris le temps de vous avertir alors qu'il vous connaissait à peine, sans même revenir nous faire part de ses problèmes ?

— Il avait besoin d'une autorisation pour reprendre la route car il voulait passer par le Cambodge, répondit Cuong. Et il n'a peut-être pas osé vous déranger dans votre chambre. »

Le président du Comité Populaire les invita à monter dans sa voiture.

« Décidément, je trouve cette disparition de plus en plus bizarre, glissa Prune à voix basse, tout en prenant place sur la banquette arrière. Il y a vraiment quelque chose que je ne saisis pas.

— Si cela peut te rassurer, j'en suis au même point que toi, chuchota Ludo.

— Cuong serait mêlé à tout ça, je n'en serais qu'à moitié étonnée... »

⁂

Depuis une demi-heure, personne n'avait pipé mot dans le 4 × 4. La voiture avait quitté la route goudronnée et se traînait sur une piste étroite, suivie par la Volga noire. Un minuscule ventilateur branché sur l'allume-cigare brassait sans succès un air brûlant. De temps à autre, Mme Yen observait les jeunes gens dans le rétroviseur. Le nez collé à la vitre, Ludo continuait à se demander pour quelle raison Minh avait disparu aussi précipitamment. Avait-on voulu l'éloigner ? Mais pourquoi ?... La voix de Cuong le tira de ses pensées.

« Nous voici au hameau de Ea Uy. Ce sont des Edê. »

Le 4 × 4 se gara à l'ombre d'un gigantesque banian, dont une partie des racines, sorties de terre, avaient soulevé l'arbre de plusieurs mètres. Les policiers de la Volga se précipitèrent pour ouvrir les portières.

Une fois dehors. Prune balaya les lieux du regard. Son œil exercé recherchait déjà les meilleurs angles pour ses photos. Perchées sur pilotis, les longues maisons en bois ressemblaient à celles qu'ils avaient vues deux jours plus tôt. A la différence près qu'elles paraissaient beaucoup moins vétustes.

« Tiens, certains ont l'électricité ! observa Ludo.

— Il y a même la télévision ! » renchérit son amie.

Elle désigna du doigt une antenne émergeant de l'un des toits en feuilles de palmier tressé.

Sans se consulter, Prune et Ludo éprouvaient la même sensation curieuse. On se serait cru dans un village de carte postale, conçu pour dépayser les touristes sans pour autant leur imposer la vision sordide de la pauvreté.

Précédés par Cuong, les jeunes gens débouchèrent sur l'unique place du village, en terre battue. Ils s'arrêtèrent net, stupéfaits. Tous les habitants, une centaine environ, étaient réunis là pour les accueillir en grande pompe. Les hommes avaient revêtu leur *langouti* traditionnel, sorte de turban qui dissimulait leurs cheveux longs. Les femmes, elles, portaient des pagnes et de petites vestes qui s'arrêtaient au niveau de la ceinture. Les enfants, plutôt dodus, étaient sagement alignés sur deux rangs. Leurs vêtements impeccables n'avaient certes rien à voir avec les guenilles portées par les jeunes montagnards de l'avant-veille.

« Dis-moi, c'est aussi spontané qu'une émission de Nicolas Hulot ! » souffla Prune.

Comme elle, Ludo se sentait mal à l'aise face à cet accueil trop bien organisé.

Les deux volontaires de l'UMI prirent place à côté de Cuong sur un banc en bois placé en plein soleil. Ludo transpirait à grosses gouttes.

Tel un chef d'orchestre, le président du Comité Populaire pointa son doigt vers un groupe de femmes qui aussitôt se mit à exécuter une magnifique danse folklorique aux sons des instruments de musique traditionnels. Aucun déchaînement comme en Afrique : les femmes ondulaient lentement, avec des mouvements parfaitement codés et des gestes d'une grâce infinie.

Mais Ludo, qui était venu pour se rendre compte des problèmes médicaux, n'arrivait pas à s'intéresser vraiment au spectacle.

« Prune, fais des photos, tu pourras toujours les vendre à des magazines de voyages, dit-il avec une grimace d'impatience.

— Mmmh ? Tout cela manque un tantinet d'authenticité », lui souffla son amie. Néanmoins, elle se balançait imperceptiblement sur le banc, emportée par la musique.

Le front ceint d'un *langouti* éclatant qui se détachait sur sa peau très sombre, un homme ridé s'approcha d'eux avec une attitude de profond respect. Juste derrière lui, une jeune fille portait un panier tressé.

« En guise d'accueil, les montagnards d'Ea Uy

ont tenu à vous offrir quelques cadeaux, annonça Cuong avec solennité. Cet homme est le chef du village.

— Au nom du peuple édê et de tous les habitants du village, je vous souhaite la bienvenue », dit avec gravité le chef du village en se pliant en deux pour les saluer, les mains jointes.

Cuong applaudit le premier, imité par tous les habitants qui leur faisaient face.

Le vieil homme se retourna et sortit du panier un grand couteau qu'il tendit à Ludo. C'était une somptueuse machette au manche sculpté. Puis il s'approcha de Prune et lui remit, toujours avec le même salut respectueux, un très beau bracelet de cuivre finement ciselé.

Les deux jeunes gens se levèrent pour remercier leur hôte. Ludo tentait de masquer son embarras derrière un large sourire :

« Nous sommes profondément touchés par votre générosité et votre accueil si chaleureux. »

Mais le jeune pédiatre avait de plus en plus de mal à dissimuler son impatience face à tout ce qu'il considérait comme une vaine perte de temps.

Prune, elle, profita de la fin du spectacle pour s'éclipser, en quête d'images moins « sur-mesure ». Armée de son boîtier, elle tenta une incursion dans une maison plus petite, un peu en retrait. Elle grimpa discrètement la frêle échelle et pénétra dans une grande pièce sombre. Le plancher craquait sous ses pieds. Au fond, juste à gauche d'une natte sur laquelle étaient disposés plusieurs épis de maïs, elle aperçut une petite fille qui grelottait malgré la chaleur, enveloppée dans des linges.

« Elle a sûrement de la fièvre », pensa-t-elle en s'approchant.

Mais au moment où elle s'apprêtait à porter le viseur de son Pentax à son œil, elle sursauta. Des lattes de bois venaient de craquer dans son dos. Quelqu'un s'approchait...

Elle se retourna vivement. Deux des policiers en civil de la Volga lui faisaient face. Sans un sourire, ils lui firent comprendre par gestes qu'il était interdit de prendre des photos. La jeune fille en conclut aisément qu'ils l'avaient suivie comme son ombre.

« Merci du conseil, mais je n'ai pas besoin d'anges gardiens », leur dit-elle avec humeur, sachant bien qu'ils ne comprenaient pas un traître mot de français.

Elle sortit de la maison avec dignité, faisant grogner au passage un vieux chien jaune à l'oreille cassée. Au loin, elle aperçut Ludo en grande conversation avec Cuong et Mme Yen. Le jeune pédiatre avait sorti son carnet et le couvrait de notes. Prune se hâta de rejoindre le petit groupe. Ludo venait justement de poser une question :

« Avez-vous répertorié beaucoup de cas de paludisme dans ce hameau ? »

Mme Yen, qui n'avait dit mot depuis le début

de la matinée, inspira profondément pour répondre. Mais Cuong ne lui en laissa pas le temps :

« A notre connaissance, l'état sanitaire des Edê n'est pas catastrophique, comme vous pouvez en juger. »

Il pinça affectueusement la joue d'un bambin.

« Monsieur Cuong, vous ne répondez pas à ma question », répliqua Ludo non sans impatience.

Il avait besoin de précisions sur une foule de points pour se faire une idée de la situation médicale et sanitaire. Quel était le taux de natalité ? De quoi mouraient les jeunes enfants ? Y avait-il des médicaments ? Comment étaient-ils acheminés ? Où allaient les patients pour une intervention chirurgicale ? Mais malgré son obstination, il ne parvenait pas à obtenir une seule vraie réponse.

« Vous aurez toutes les statistiques à mon bureau... »

Cuong marqua un temps d'hésitation et poursuivit d'une voix sourde :

« Le principal problème, ici, c'est les guerrilleras du FULRO. D'ailleurs, pour votre sécurité, vous serez accompagnés par l'un de mes hommes dans chacun de vos déplacements.

— Ah, ces chers anges gardiens ! s'exclama Prune en fusillant du regard les deux hommes de la Volga qui l'entouraient.

— Je ne me sens pas menacé, soupira Ludo, mais si vous le jugez indispensable... »

Il fixait avec insistance Mme Yen, qui semblait vouloir intervenir. Mais, comme d'habitude, elle n'ouvrit pas la bouche.

« J'aimerais voir le dispensaire où doit travailler l'UMI, ajouta-t-il.

— C'est juste là, suivez-moi ! » dit Cuong en désignant de son index grassouillet une minuscule case en bambou.

Le dispensaire était désert, apparemment depuis longtemps. A l'intérieur, la vieille table de consultation branlante était couverte de poussière, tout comme l'armoire à pharmacie, vide et sans porte. Dans un coin, par terre, traînait une vieille bande de gaze tachée de sang.

Cuong expliqua qu'un infirmier venait une fois par semaine, le mercredi.

Ludo ne dissimula pas sa surprise devant ce laisser-aller et l'état de crasse du dispensaire. Comment pouvait-on prétendre soigner les malades du village dans des conditions d'hygiène aussi déplorables ?

« Où se trouve la réserve de médicaments ? interrogea-t-il.

— L'infirmier les conserve chez lui à cause des vols, répondit le président du Comité Populaire. Il m'a simplement remis une liste des médicaments dont il a besoin. Car nous n'avons pas de temps à perdre. Nous sommes attendus dans un autre hameau. »

Cette fois, c'en était trop ! Ludo croisa les bras, essayant de garder son calme :

« Je crois que vous m'avez mal compris, monsieur Cuong. Je suis ici pour une mission d'évaluation médicale, pas pour une excursion folklorique. Et j'ai besoin de voir les malades pour me faire ma propre opinion des besoins réels. »

Cuong répondit avec son sourire obséquieux.

« Ne vous fâchez pas, cher docteur. En Asie, il faut être patient. Chaque chose en son temps. »

Afin de couper court à cette conversation, Cuong changea délibérément de sujet :

« Prenez exemple sur le cobra. Il attend toujours avant d'attaquer. Il observe sa proie, l'hypnotise et lui plante ses crochets mortels à la première occasion.

— Vous avez l'air d'être un spécialiste de la question, fit Prune.

— Les cobras sont ma passion ! J'en élève depuis des années. Ce sont mes plus fidèles compagnons...

— Moi, je ne les aime qu'en ragoût ! » trancha Prune.

A Pak Roleang, hameau distant d'une trentaine de kilomètres, Ludo et Prune furent accueillis avec le même cérémonial : enfants trop sages, costumes traditionnels, danses, cadeaux de bienvenue... Cuong ordonna cette fois à une ribambelle d'enfants au garde-à-vous de chanter une chanson à la gloire de d'Hô Chi Minh, père du parti communiste vietnamien.

Ludo ne tenait plus. Quand verrait-il ses premiers malades ?

Prune voulut immortaliser le spectacle. Ces images folkloriques pourraient toujours lui servir dans le cadre d'un reportage général sur le Vietnam. Elle vissa, sur son boîtier, un puissant téléobjectif. Son 200 mm lui permettait de faire les portraits en gros plan des enfants soigneusement alignés par Cuong, sans avoir à se rapprocher.

La jeune fille riva un œil sur le viseur, surveillant de l'autre les réactions de Cuong. De toute évidence, les déclics du déclencheur l'agaçaient souverainement. Soudain, à la dixième photo, elle abaissa son appareil d'un geste brusque.

« Qu'est-ce qui se passe ? demanda Ludo débonnaire. La photographe du siècle aurait-elle une poussière dans l'œil ? »

Le regard sombre de Prune lui suffit pour comprendre qu'il valait mieux se taire.

« Quelque chose ne va pas, mademoiselle ? s'enquit à son tour Cuong.

— Non, non. Juste un problème de poussière sur mon objectif. »

Prune fit mine de le nettoyer avec une peau de chamois et le dirigea de nouveau vers un petit garçon. « C'est bien lui. C'est Ka'Kho ! Qu'est-ce qu'il fait là ? » pensa-t-elle.

Elle sortit un autre boîtier de son sac, chargé cette fois avec un film noir et blanc.

« Je vais faire quelques portraits de plus près. Ces petits sont tellement adorables ! » dit-elle à Cuong, en arborant un sourire gracieux.

Après avoir photographié plusieurs enfants

pour ne pas éveiller les soupçons, Prune s'approcha avec naturel de Ka'Kho. Le garçonnet avait l'air épouvanté.

« Qu'est-ce que tu fais ici ? » chuchota-t-elle.

Ka'Kho sourit bravement à l'objectif et susurra entre ses dents :

« Moi pas pouvoir répondre. Toi passer me voir à la léproserie.

— Mais pourquoi veux-tu que je vienne à la léproserie ? Tu as quelque chose de si important à me dire ? » insista Prune.

Au lieu de répondre, Ka'Kho lui lança un regard affolé et détourna la tête.

Soudain, la photographe sentit une main s'abattre sur son bras et la tirer violemment en arrière. Elle se trouva à nouveau nez à nez avec l'un des policiers, accompagné cette fois de Mme Yen. Les regards des deux femmes se croisèrent. La Vietnamienne avait l'air sincèrement désolée. Prune était convaincue qu'elle essayait de lui faire comprendre quelque chose. Mais quoi ?

Peut-être aurait-elle la réponse, en fin d'après-midi, lors de la réunion prévue au siège du Comité Populaire de Ban Me Thuot...

5

Réunion au sommet

Le siège du Comité Populaire de Ban Me Thuot était encore plus lugubre que l'hôtel de Prune et Ludo. Derrière la barrière soigneusement gardée par un militaire mitraillette en bandoulière, ce grand bâtiment gris et terne avait tout d'une prison. Sur le fronton, en lettres noires, trônait la devise nationale du Vietnam : « Indépendance, Liberté, Bonheur. »

Le bureau de Cuong était tout aussi sinistre. Seul le drapeau vietnamien étalé sur un mur, avec son étoile jaune sur fond rouge, égayait la morosité du lieu.

« Vous prendrez bien une tasse de thé, un jus de noix de coco ou quelques *choï* ? » proposa le président du Comité à ses hôtes en désignant de minuscules bananes vertes posées sur la table basse.

Assis sur un vieux canapé élimé, Prune et Ludo ne s'attendaient pas à ce goûter improvisé. Assoiffés par leur visite des villages sous un soleil de plomb, ils acceptèrent avec plaisir les deux grands verres de jus de coco naturel que leur tendait Mme Yen.

Ludo avala machinalement trois *choï*, tout en inspectant les lieux.

« Difficile d'oublier où nous sommes », glissa-t-il à son amie.

D'un mouvement de la tête, il désigna le buste en plâtre d'Hô Chi Minh posé sur le guéridon. L'ancien président communiste, aujourd'hui disparu, les regardait droit dans les yeux.

« Il n'a pas l'air commode "l'oncle Hô", chuchota Prune. On a intérêt à se tenir à carreau...

— J'espère que cette journée vous a plu, intervint Cuong avec son habituel sourire.

— Oh ! Elle était... édifiante ! » dit le jeune pédiatre qui avait vraiment l'impression d'avoir été mené en bateau.

Sans relever l'ironie, Cuong poursuivit, d'un ton paterne :

« J'aime faire plaisir à mes hôtes, voyez-vous. »

Il plissa les yeux derrière ses épaisses lunettes et fixa les deux jeunes gens :

« Méfiant comme le cobra, je sais reconnaître mes amis. Et vous faites désormais partie de mes amis. »

L'ambiguïté de la remarque n'échappa pas aux deux Français, qui échangèrent un regard inquiet.

L'homme fit craquer ses doigts dans un bruit sec et but d'un trait son verre de jus de noix de coco.

« Docteur Ludovic, je ne vous cacherai pas mon impatience de voir débuter au plus vite votre programme d'assistance médicale à nos minorités ethniques.

— Et moi donc ! s'exclama le pédiatre.

— C'est un beau et noble projet ! Avec deux millions de francs, on peut faire beaucoup de choses ! poursuivit Cuong, pensif. Cela fait combien, en dongs[1] ?

— Je n'ai pas ma calculette, désolé ! rétorqua Ludo, surpris par la question.

— A peu près quatre milliards de dongs », fit Prune.

Dans les pays qu'elle fréquentait, la jeune fille passait toujours d'une monnaie à l'autre avec une facilité déconcertante.

« Quatre milliards de dongs, répéta Cuong, rêveur... Docteur Ludovic, votre mission vous obligera à de nombreux déplacements, je suppose ?

— Oui, je compte bien me rendre jusque dans les villages les plus isolés.

— C'est bien ce qu'il me semblait... Comme vous avez pu le constater, les routes sont très mauvaises sur les hauts-plateaux, surtout en saison des pluies. Il vous faut absolument un 4 × 4. »

Le jeune homme fronça les sourcils.

« Vous savez, une vieille voiture ou une moto fera très bien l'affaire. A l'UMI, nous préférons

1. Dong : monnaie vietnamienne — 2 000 dongs = 1 franc.

dépenser notre argent pour acheter des médicaments ! »

La tournure que prenait la conversation déplaisait profondément à Ludo. Quand cet homme se déciderait-il à aborder de front les vrais problèmes, plutôt que de se noyer sans cesse dans des considérations annexes ?

« Une Toyota Land Cruiser serait parfaite, enchaîna Cuong, imperturbable. C'est une très bonne voiture ! Bleu marine de préférence. J'aime beaucoup cette couleur. J'ai un ami qui peut m'avoir, pardon, nous avoir des prix.

— Et pourquoi pas un lecteur laser, pendant qu'on y est ! » marmonna Prune.

Cuong avait l'ouïe fine.

« Très bonne idée. Je n'y aurais pas pensé moi-même. Plus le travail à accomplir est difficile, et plus on a besoin de confort pour le mener à bien.

— Écoutez, monsieur Cuong, trancha Ludo, le modèle de la voiture n'est vraiment pas dans nos priorités. »

Le jeune pédiatre marqua un temps d'arrêt, comme s'il cherchait ses mots.

« Soyons réalistes. Je suis ici pour effectuer une mission d'évaluation, pas pour visiter les garages de la ville. Rien ne sera entrepris tant que je n'aurai pas moi-même jugé de la situation sanitaire des minorités ethniques. »

Cuong se cala dans son fauteuil avec un sourire désarmant.

« Mais voyons, vous avez pu en juger par vous-même cet après-midi !

— Comment ça ? s'étrangla Ludo. Je n'ai vu aucun malade, tout juste un malheureux dispensaire. Monsieur Cuong, je vous rappelle que l'UMI a signé un protocole d'accord avec les autorités vietnamiennes nous autorisant à circuler librement dans les hameaux. C'est ce que je compte faire dès demain. Entendez-vous ? Dès-de-main. »

Comme pour se donner une contenance, le président du Comité Populaire remplit les minuscules tasses à thé.

« Oublions la Land Cruiser et tout le reste ! poursuivit le jeune homme. J'ai besoin de quelques jours pour mon évaluation sanitaire. Je ne peux pas engager les fonds de l'UMI sans aller moi-même sur le terrain voir les malades. »

Le silence qui suivit traduisait un réel malaise. Mme Yen, dont le regard était resté rivé sur la table basse, prit la parole d'une voix très douce, presque inaudible :

« La situation sanitaire des minorités ethniques est tout simplement catastroph...

— Mme Yen veut dire qu'il nous manque surtout des médicaments et de l'argent, coupa aussitôt Cuong. N'est-ce pas, madame Yen ? »

Le regard glacé de Cuong traduisait son courroux. Prune, observatrice, remarqua que les ailes de son nez étaient animées de battements imperceptibles.

La directrice de la santé baissa la tête et croisa nerveusement ses mains. La conversation se poursuivit en vietnamien. Cuong avait perdu son sourire. A en juger par leur ton, les deux interlocuteurs ne semblaient pas du tout du même avis.

Soudain, Cuong se tourna vers Prune et Ludo, avec un sourire forcé qui dissimulait mal une fureur contenue à grand-peine.

« Pourriez-vous nous laisser seuls quelques secondes ? Je voudrais régler un petit différend avec Mme Yen. »

Prune rangea avec précaution son appareil photo dans la poche avant de son sac et le déposa sur le canapé.

Aussitôt la porte refermée, les éclats de voix de Cuong résonnèrent jusque dans le couloir.

« Pour un petit différend, ils n'ont pas l'air de plaisanter ! fit remarquer la photographe.

— Il est clair que Mme Yen essaie de nous dire quelque chose depuis cet après-midi. Mais ça ne semble pas être du goût de Cuong, répliqua Ludo.

— Peut-être au sujet de la disparition de notre chauffeur...

— Chut... Écoute.

— Quoi ?

— Rien, justement. La dispute est finie. »

Un silence absolu régnait à présent, insolite après les débordements qui l'avaient précédé.

La porte s'ouvrit sur Cuong. Son visage avait repris une expression plus calme.

« Je suis vraiment navré pour ce petit intermède. Mais tout est réglé, entrez. »

Prostrée sur le canapé, Mme Yen paraissait bouleversée. Des plaques rouges constellaient ses joues.

« Mme Yen a raison, commença Cuong. Il faut absolument que vous rencontriez nos malades. »

Étonné par ce brusque revirement de situation, Ludo ne chercha pas à dissimuler sa surprise :

« Heureux de vous l'entendre dire !

— Dès demain matin, j'organiserai une consultation médicale, enchaîna Cuong. Les patients seront prévenus de votre arrivée ! Départ à 9 heures. Rendez-vous ici. »

Les deux jeunes gens ne pouvaient refuser une telle invitation, même s'ils redoutaient le côté officiel des visites en compagnie de Cuong.

« Je vous emmènerai en 4 × 4, conclut-il. En parlant de 4 × 4, je passerai voir l'ami dont je vous ai parlé tout à l'heure. Je suis sûr qu'il nous fera un bon prix pour la Land Cruiser ! »

Pour cette fois, Ludo préféra ne pas répondre...

« Tu veux vraiment que je te ramène à Paris en pièces détachées ? »

Ludo essayait de retenir Prune qui avait décidé de traverser au beau milieu d'un carrefour. Une nuée de mobylettes pétaradantes et de vélos s'entrecroisaient sans jamais s'arrêter.

« Il faut bien se lancer, sinon on n'arrivera jamais à l'hôtel, s'impatienta la jeune fille en tentant de dégager son bras droit de la poigne de Ludo. A trois, on y va ! Un, deux, trois ! »

Plus leste qu'un singe, Prune se jeta entre un pousse-pousse et dix mobylettes enragées.

Sans avoir le temps de réagir, Ludo se trouva

propulsé au milieu de la rue sous une avalanche de klaxons. Il manqua se faire renverser par un vieux vélo de fabrication chinoise, que son propriétaire avait fièrement décoré d'un autocollant Peugeot.

Arrivé sain et sauf sur le trottoir opposé, Ludo n'eut pas le temps de souffler. Déjà, Prune l'entraînait dans la rue qui menait à leur hôtel. Heureusement, le trafic était beaucoup moins dense. Des petits chariots ambulants s'égrenaient le long des trottoirs. Mangues, longanes, mangoustants, fruits du dragon et durians mêlaient leurs arômes capiteux.

La jeune fille s'arrêta pour faire quelques clichés d'un réparateur de vélos installé à même le trottoir. Il localisait les crevaisons en plongeant la chambre à air dans un vieux casque de l'armée américaine plein d'eau.

Un peu en retrait, Ludo semblait soucieux.

« Tu as avalé ta langue, ou tu fais semblant de réfléchir ? plaisanta son amie en changeant de film.

— Je repensais à Cuong. Il a quelque chose derrière la tête. Je donnerais mon Tintin pour savoir ce que Mme Yen et lui ont pu se dire.

— Tu penses vraiment ce que tu viens de dire ? Ton Tintin en vietnamien, tu le donnerais ?

— Oui, pourquoi ? »

Prune ouvrit lentement son sac photo et sortit triomphalement un petit magnétophone.

« Ton Tintin est à moi, mon vieux ! »

Ludo la regarda, interloqué :

« Quel rapport ?

— Comme j'ai oublié d'être bête, j'ai branché mon magnétophone en rangeant mon appareil photo, juste avant de sortir. J'ai enregistré toute la dispute ! C'est aussi simple que ça ! expliqua-t-elle, très fière de sa ruse.

— Superbe ! fit Ludo en embrassant son amie. Mais tu as oublié un détail : nous ne parlons vietnamien ni l'un ni l'autre. »

Prune lui décocha une pichenette sur le bout du nez.

« Ça aussi, c'est prévu ! Ka'Kho va nous aider à traduire la cassette. On ira le rejoindre ce soir à la léproserie ! Alors, ce Tintin ? »

Ludo se fendit de sa plus belle grimace, puis, éclatant de rire :

« On verra ! »

« Tu as grossi ! s'écria Ludo. Regarde le malheureux, il arrive à peine à nous faire avancer. On va mettre des heures pour arriver à la léproserie ! »

Le chauffeur, hors d'haleine et ruisselant de sueur, était arc-bouté sur ses pédales, à l'arrière du cyclo-pousse.

Après un rapide dîner à l'hôtel, Prune et Ludo s'étaient éclipsés par les cuisines, échappant ainsi à la vigilance d'éventuels policiers. Bien que lancé sur la voie de l'ouverture politique, le Vietnam avait encore la réputation de surveiller de près les étrangers. Coup de chance, un cyclo-pousse les avait cueillis à la sortie de l'hôtel.

« Très romantique, cette petite balade. On se croirait dans le film *Indochine* », murmura Prune d'un ton langoureux.

Ludo se tourna vers la jeune fille, amusé :

« Tu te prends pour Catherine Deneuve maintenant ? C'est peut-être le climat tropical qui te monte à la tête. »

Le petit nez de Prune se plissa :

« Je n'ai pas dit que je TE trouvais romantique. Nuance ! »

L'air frais de la nuit faisait un agréable contraste avec la chaleur suffocante de la journée. Mais une odeur un peu écœurante de friture et d'épices mêlée aux gaz d'échappement flottait toujours.

« Nous ne devrions pas tarder à apercevoir la léproserie », dit Prune, dont le sens de l'orientation était redoutable.

A la sortie de la ville, le cyclo-pousse s'arrêta devant un immense mur de briques rongé par l'humidité.

« Un vrai coupe-gorge ! » commenta Ludo en laissant un bon pourboire au malheureux chauffeur qui haletait, à bout de souffle.

Les deux amis s'approchèrent du mur d'enceinte, à la recherche d'une porte d'entrée. Prune se serra contre Ludo :

« Tu sais, murmura-t-elle, un peu embarrassée, je dois t'avouer que je n'ai jamais vu de lépreux, sauf dans les films, et...

— Moi non plus, si ça peut te rassurer. »

La jeune fille se demanda un instant s'ils prévenaient encore de leur passage avec une crécelle, comme au Moyen Age. Question idiote. Après tout, elle verrait bien...

Ludo avait enfin localisé l'entrée. Les deux jeunes gens pénétrèrent dans l'enceinte, et eurent la surprise de découvrir un parc luxuriant, parsemé d'orchidées blanches aux senteurs entêtantes. Une dizaine de bâtiments se détachaient vaguement de l'obscurité. De part et d'autre, plus de soixante paillotes étaient soigneusement alignées.

« Il n'y a pas âme qui vive », remarqua Prune, qui craignait de voir surgir à tout moment des hordes de lépreux.

Au loin, ils aperçurent une bâtisse plus importante que les autres, éclairée par une ampoule nue qui pendait au bout d'un fil électrique.

« Regarde, il doit y avoir du monde là-bas ! » fit Ludo en se dirigeant vers le grand bâtiment.

Le jeune pédiatre ne croyait pas si bien dire. Sur le perron, une femme d'environ cinquante ans, aux cheveux relevés en chignon strict, semblait les attendre. Elle descendit prestement les quelques marches et leur tendit les mains avec un immense sourire :

« Je suis sœur Bernadette, leur dit-elle dans un excellent français. Ka'Kho m'a prévenue de votre visite. Vous, vous êtes Ludo et Prune, n'est-ce pas ? »

Le beau visage régulier de sœur Bernadette inspira immédiatement la sympathie aux deux jeunes gens, qui la remercièrent de les avoir attendus en dépit de l'heure tardive.

« Je suis certaine que Ka'Kho sera très heureux de vous revoir. Venez, je vais vous conduire chez son père ! »

Ils empruntèrent une petite allée caillouteuse pour traverser le parc qu'éclairait à peine un mince quartier de lune. Prune et Ludo, qui avaient du mal à suivre le pas décidé de la religieuse, se tenaient prudemment par la main.

« Notre léproserie existe depuis les années cinquante, expliqua sœur Bernadette tout en marchant. Les deux bâtiments en brique, sur votre gauche, abritent les malades les plus gravement atteints. Ceux en voie de guérison, comme le père de Ka'Kho, vivent dans des petites maisons indépendantes... Voyez celle-ci, par exemple », ajouta-t-elle en désignant une petite bâtisse en bambou.

Comme ils longeaient une série de paillotes éclairées par des lampes à pétrole, la porte d'une d'entre elles s'ouvrit soudain brutalement. Un homme surgit de l'obscurité, brandissant un poulet dans une main et un grand couteau dans l'autre.

Ludo eut juste le temps d'agripper Prune par la manche de sa chemisette pour la propulser derrière un énorme tronc d'arbre.

« C'est Cuong ! C'est lui ! Je l'ai reconnu ! » souffla-t-il.

La jeune photographe réprima un cri.

« Qu'est-ce qu'il fait là ? Tu crois qu'il nous a suivis ?

— Je ne sais pas, mais ça en a tout l'air... »

Un joyeux éclat de rire les interrompit. C'était sœur Bernadette qui, ne les voyant plus, revenait sur ses pas.

« Mais... il ne va pas vous manger ! s'écria-t-elle, à la fois amusée et surprise. C'est Tôm, notre cuisinier. Il est doux comme un agneau ! »

Ludo sortit de derrière son tronc d'arbre :

« Votre cuisinier, comment ça ? »

Prune émergea à son tour et échangea avec son ami un regard interloqué. Sœur Bernadette serait-elle en train de perdre la raison ?

« Approche, Tôm, que je te présente, lança la religieuse à l'homme qui s'était figé, bras ballants. Ah ! Je comprends votre méprise... C'est incroyable, n'est-ce pas ? Tôm est le parfait sosie de Cuong. En plus sympathique, tout de même. »

Prune et Ludo les rejoignirent, un peu confus de s'être donnés en spectacle. Ils n'en croyaient pas leurs yeux. Même visage grassouillet, même nez en pied de marmite, mêmes lunettes rondes aux verres épais. N'importe qui, à leur place, se serait trompé.

« La ressemblance est sidérante, fit Ludo avec un sifflement ébahi. On dirait son frère jumeau ! »

« C'est ici ! » annonça sœur Bernadette en désignant une petite maison en bambou, identique à toutes les autres. Un homme était déjà sur le perron de la porte. En les apercevant, il vint à leur rencontre en boitillant.

« Vraisemblablement des séquelles de la lèpre qui lui a rongé les orteils », diagnostiqua mentalement Ludo.

Peu à peu, les traits de l'homme se précisaient dans la pénombre : peau presque noire comme tous les montagnards, cheveux courts, œil pétillant... Rien, cependant, qui rappelle le terrible « faciès léonin » auquel s'attendait Ludo. Car si le jeune pédiatre n'avait jamais rencontré de lépreux, il avait vu bien des photos de visages africains déformés par cette épouvantable maladie : des oreilles rongées par les lépromes, des lèvres découvrant une chair à vif, des trous à la place du nez...

« Bonsoir. Je suis Ha Brai, le père de Ka'Kho. Mon fils m'a beaucoup parlé de vous. Jamais je ne vous remercierai assez de l'avoir libéré ! »

L'homme s'approcha de Ludo et lui tendit la main. Le jeune pédiatre l'imita avec la même spontanéité. Mais juste au moment où leurs deux mains droites allaient se toucher, Ludo s'aperçut qu'il lui manquait les deux premières phalanges de chaque doigt.

Il regarda avec appréhension cette main amputée. Il était bien trop tard pour retenir son geste sans faire injure au père de Ka'Kho !

Durant quelques secondes qui lui parurent interminables, le jeune pédiatre sentit la peau rugueuse des petits moignons frotter, comme des griffes, la paume de sa main. Une angoisse incontrôlée lui nouait le ventre. Et son savoir de médecin ne lui était d'aucun secours face à cette peur des lépreux, venue du fond des âges.

« Mon amie et moi sommes très heureux de faire votre connaissance, monsieur Ha Brai », dit-il enfin.

Juste derrière lui, Prune restait accrochée à son appareil photo, paniquée à l'idée d'avoir à subir le même sort. Un bruit de pas la fit sursauter.

« Prune ! Ludo ! Moi content de vous voir ! »

Ka'Kho sauta au cou de la photographe avec une telle fougue qu'elle faillit tomber à la renverse

« Et moi donc ! » s'écria-t-elle avec un rire de soulagement.

Ha Brai ouvrit sa porte et les invita à entrer dans une petite pièce toute en bois. Au centre trônait une table basse entourée de tabourets. Posée sur la table, une lampe à pétrole astucieusement bricolée dans une vieille boîte de Coca-Cola dispensait une faible lumière. L'ensemble faisait presque coquet, comparé à ce que Prune et Ludo avaient aperçu chez les montagnards.

« Prenez place, mes amis ! lança Ha Brai en désignant les petits tabourets. Je vous invite à buver, pardon, à boire le verre de l'amitié. Excusez mon français, mais je n'ai pas parlé votre langue depuis l'époque où j'étais employé dans une plantation de café.

— C'était il y a combien de temps ? demanda Prune.

— Dans les années 50, elle était dirigée par M. Paul Lambert », expliqua-t-il avec une certaine nostalgie.

Ha Brai s'approcha d'une étagère et saisit une vieille bouteille sans étiquette entre ses moignons. Son adresse et sa maîtrise étaient surprenantes.

« De l'alcool de palme fabriqué par mes cousins », précisa-t-il.

Il versa une large rasade de cet alcool blanc dans un petit gobelet métallique :

« Je lève mon verre à la santé de mes amis français ! »

Il avala une gorgée et tendit le gobelet à Ludo.

« Honneur aux dames ! » décréta le médecin en le donnant à Prune.

L'épouvante se lisait dans les yeux de son amie. Elle ne pouvait refuser. Mais elle avait peur d'attraper la lèpre qui, se souvenait-elle, pouvait se transmettre par la salive. Un film d'horreur défila devant ses yeux. Elle se voyait déjà rongée par la maladie, sans nez, les oreilles en lambeaux, s'acharnant sur le déclencheur de son fidèle Pentax avec un petit moignon...

Comme dans un cauchemar, Prune avança une main tremblante, saisit le gobelet et l'approcha lentement, très lentement de ses lèvres.

« Mon dernier verre ! » pensa-t-elle.

6
La menace de Cuong

Tous les yeux étaient tournés vers Prune. Le gobelet n'était plus maintenant qu'à quelques centimètres de ses lèvres...

« Ma religion m'interdit de boire de l'alcool », bredouilla-t-elle alors en passant le gobelet à Ludo.

C'était la seule excuse valable qu'elle ait trouvée.

Sœur Bernadette ne parvint pas à garder son sérieux plus longtemps. Elle éclata de rire en regardant le visage angoissé de Prune.

« Ha Brai fait le coup du gobelet à tous ses invités. C'est un test, et je dois dire que vous avez bien réussi à vous maîtriser... Allez, vous ne craignez rien, je vous assure !

— Comment ça ? Mais je croyais que...

— Tu as raison, la lèpre s'attrape bien par la salive, intervint Ludo. Mais Ha Brai est un lépreux “blanchi”, c'est-à-dire qu'il n'est plus contagieux.

— Tu le savais ! éclata Prune, en le dardant de ses yeux vairons, l'un bleu, l'autre vert.

— Je suis médecin, au cas où tu l'aurais oublié.

— Ça, tu vas me le payer très cher ! » dit-elle en le menaçant de l'index.

Ludo saisit le gobelet et le porta joyeusement à ses lèvres. Mais à peine avait-il bu une gorgée qu'il s'étrangla.

« C'est de la dynamite ! » souffla-t-il entre deux quintes de toux.

Ses joues étaient devenues toutes rouges, ses yeux étaient injectés de sang.

« Voilà ce que c'est de vouloir jouer au dur », lança la jeune fille, la mine boudeuse.

Ka'Kho s'approcha de son amie comme s'il voulait la consoler.

« Prune, dit-il en lui prenant tendrement la main, je vouloir m'excuser pour cet après-midi mais pas pouvoir te parler.

— C'est vrai, j'allais oublier, lui répondit-elle gentiment. » Se penchant vers lui, elle poursuivit d'une voix grave. « Dis-moi, qu'est-ce que tu fabriquais dans ce village ?

— Moi et autres enfants emmenés de force pour petite fête organisée par Cuong. »

Le gamin se mit au garde-à-vous. Dans la pénombre de la pièce, son visage pétillait de malice.

« Qui avait raison ? Cuong a tout orchestré. Une fois de plus mon sixième sens ne m'a pas trompée, constata la photographe, en lançant un regard dédaigneux à Ludo.

— Ça ne nous explique toujours pas pourquoi Cuong s'est donné tant de mal », rétorqua le pédiatre, impassible.

Hai Brai voulut remplir à nouveau le gobelet. Ludo l'arrêta d'un geste amical :

« Nous devons garder les idées claires. »

Efficace comme toujours, Prune sortit son magnétophone de sa poche.

« J'ai enregistré clandestinement une petite conversation entre notre homme et Mme Yen. Mais nous n'y comprenons rien. Pourriez-vous nous la traduire ? demanda-t-elle à sœur Bernadette.

— Mais avec plaisir, accepta celle-ci, ravie. C'est digne d'un roman d'espionnage ! »

Aussitôt, Prune appuya sur la touche « play » de l'enregistreur.

Sœur Bernadette, qui prenait son rôle très au sérieux, écouta les premières phrases, avec une grande concentration.

« Voilà ce que dit Mme Yen, commença-t-elle d'une voix claire et posée : "Vous avez oublié que Ludovic Delcourt est médecin. Il ne sera pas dupe très longtemps !" »

Un coup de poing sur la table ponctuait l'intervention de la directrice de la santé. De toute évidence Cuong avait l'air furieux. Et la suite le prouvait : « Je me fiche éperdument de ce que peut penser ce petit médecin de rien du tout, répliquait-il méchamment. Ce qui m'intéresse, c'est l'argent. Une fois que les fonds de l'UMI seront versés sur notre compte bancaire, qu'il aille au diable ! »

« Il est vraiment charmant, ce Cuong », ne put s'empêcher de souligner Ludo qui ne quittait pas du regard leur traductrice improvisée.

Très calmement, Sœur Bernadette poursuivit : « "Vos mises en scène sont grotesques ! répond Mme Yen, avec des tremblements dans la voix. Ce n'est pas en montrant des montagnards manipulés et en bonne santé que vous arriverez à le décider." »

La traductrice marqua une pause avant de lancer à ses auditeurs plus attentifs que jamais.

« Oh ! là ! là ! Cuong semble être très en colère "Les montagnards... Les montagnards..., hurle-t-il. Vous savez que ce sont des *Moi*[1] de la pire espèce ! Tout ce que je veux c'est l'argent, les médicaments et le 4 × 4 bleu marine. C'est compris ! Maintenant, à vous de le convaincre. Sinon..." Là, continua sœur Bernadette, notre homme coupe Mme Yen qui essaie en vain de protester, pour ajouter violemment : "Il n'y a pas de mais avec moi. C'est un ordre ! A moins que vous ne préfériez être envoyée en *vacances* dans les nouvelles zones économiques pour défricher la forêt et planter du riz. Rien de plus facile !" »

Sur la bande, un long silence suivait. Cuong reprenait ensuite la parole plus doucement :

« "Ne l'oubliez pas, chère madame Yen, traduisit lentement sœur Bernadette, pétrifiée. Le cobra ne frappe qu'une fois et son baiser est mortel..." »

L'enregistrement se terminait par des bruits de pas et l'ouverture d'une porte, à ce moment-là Cuong était allé chercher les jeunes gens...

1. Sauvages.

Prune éteignit le magnétophone tandis que tous se regardaient, consternés par ce qu'ils venaient d'entendre.

« Quelle crapule ! explosa la jeune fille en rembobinant la cassette...

— Tu as raison, Prune. C'est un individu répugnant, s'écria la religieuse en colère. La corruption est un mal qui ronge notre pays. Heureusement, tous les cadres ne sont pas malhonnêtes, loin de là. Mais certains n'ont aucun scrupule à s'enrichir sur le dos des pauvres gens ! »

Sœur Bernadette fascinait Prune et Ludo car elle n'avait rien de la religieuse telle qu'ils l'imaginaient. Dynamique et spontanée, elle n'hésitait pas à montrer sa révolte.

« Dans les villages que nous avons visités, tout était truqué, n'est-ce pas ? murmura Ludo, abattu.

— Cuong vous a montré de vrais montagnards, ça oui... répondit sœur Bernadette en hochant la tête. Le hic, c'est qu'il a soigneusement sélectionné des villages sous son contrôle. Des hameaux "modèles". Croyez-moi, les vrais problèmes sont ailleurs. Et Dieu sait qu'il y en a ! »

Ha Brai, jusque-là silencieux, prit la parole d'une voix exaltée :

« Certains Vietnamiens nous détestent. Ils nous prennent pour des sous-développés, des "chiens" comme ils disent. Pourtant, nous avons participé à la construction du pays au même titre que les Thais ou les Chams. Aujourd'hui, on veut nous rayer de la carte en nous emprisonnant sans raison, en nous déplaçant dans des zones incultivables, en nous refusant l'accès aux soins, à l'éducation...

— Ne vous laissez pas impressionner par ce Cuong et ses magouilles ! s'exclama la religieuse devant l'indignation de Prune et l'abattement de Ludo. Je connais des villages qui ont un besoin urgent d'aide médicale. Celui dont est originaire Ha Brai, par exemple. Ces montagnards n'ont rien ! Ils vivent dans des conditions de pauvreté extrême.

— Et la situation sanitaire ? réagit le jeune pédiatre.

— Tout simplement catastrophique : malnutrition, paludisme et dengue font des ravages, sans parler des femmes qui doivent accoucher seules dans des conditions d'hygiène épouvantables.

— Mais ces zones sont en partie contrôlées par le FULRO, fit remarquer Prune, étonnée.

— Ça, c'est la version officielle, expliqua Ha Brai. En fait, le FULRO est un vieux fantôme. Ce mouvement a eu une certaine importance dans les années 70 avant d'être écrasé par l'armée. Aujourd'hui, les autorités se servent de cet épouvantail pour justifier leur répression.

— Laissez-passer ou pas, il faut absolument accéder à ces villages ! dit Ludo, d'un ton ferme.

— Pas facile ! Ces hameaux sont interdits aux étrangers et soigneusement surveillés par la police... Mais, si vous voulez, je vais essayer de vous y conduire », proposa sœur Bernadette.

Le jeune homme se leva d'un bond :

« On part quand vous voulez. La mission commence ! »

Tout en lui lançant un regard rempli de gratitude, la religieuse le mit en garde :

« Je vous préviens, le Vietnam est un pays difficile. Il y a deux choses que vous ne devez jamais oublier : les montagnards ont un besoin pressant de vous, mais Cuong est un homme dangereux. Très dangereux... »

Le lendemain matin, sur les coups de 9 heures, Prune et Ludo se rendirent au siège du Comité Populaire, comme ils en étaient convenus la veille avec Cuong. Le Vietnamien les attendait à l'extérieur :

« Ah, mes amis, c'est un plaisir de travailler avec vous. Vous verrez, cher docteur Ludovic, la consultation médicale dans les villages montagnards sera riche d'enseignements. »

Ludo sourit, mal à l'aise. Il avait passé une partie de la nuit à chercher un moyen de fausser compagnie à Cuong sans éveiller ses soupçons. En vain. Une solution viendrait peut-être au cours de l'entretien.

Mme Yen, encore plus effacée que d'habitude, avait les traits tirés.

« J'ai beaucoup réfléchi. La nuit porte conseil, d'après ce qu'on dit, enchaîna Cuong avec emphase. Je souhaiterais confier à l'UMI un magnifique projet, à la hauteur de sa réputation : la rénovation de notre hôpital. »

Connaissant le peu de considération de l'homme pour les malades, Ludo pensa que c'était un nouveau moyen pour soutirer à l'UMI encore plus d'argent. Mais il préféra ne rien dire à cet instant précis.

Un peu désorienté par l'absence de réaction du médecin, Cuong les invita à passer dans son bureau pour prendre la traditionnelle tasse de thé.

Une fois installé sur le canapé élimé, à la place qu'il occupait la veille, Ludo prit la parole :

« Monsieur Cuong, nous sommes très touchés de votre confiance. Mais avant d'aborder votre projet d'hôpital, j'aimerais que nous reparlions des dispensaires pour les montagnards. Chaque chose en son temps.

— Je suis tout à fait de votre avis », susurra Cuong.

Ludo avala sa salive. Avec un interlocuteur aussi hypocrite, la partie promettait d'être difficile :

« Nous avons besoin de garanties pour avoir la certitude que l'argent versé par notre organisation servira directement aux montagnards. »

Ludo resta silencieux une poignée de secondes, guettant la moindre réaction de son interlocuteur. Peine perdue. Le visage de Cuong restait parfaitement impassible. Il reprit la parole :

« C'est une simple formalité, mais l'UMI est toujours très vigilante sur ce point. »

Mme Yen baissa les yeux afin de ne pas croiser le regard du jeune pédiatre. Très nerveuse, elle faisait tourner son alliance autour de son annulaire.

Cuong, à l'aise, s'enfonça douillettement dans son fauteuil et remonta ses lunettes.

« Je vous donne ma parole d'honneur que l'argent et les médicaments seront parfaitement utilisés », fit-il en fixant les deux jeunes gens de son regard myope.

Nullement impressionné, Ludo insista :

« Nous aurons besoin de contrôler chaque dong dépensé. »

Cuong se redressa avec un air outragé :

« Ma parole d'honneur devrait vous suffire. »

Sans grande conviction, Ludo tenta une nouvelle fois d'éviter l'affrontement :

« Un compte au nom de l'UMI permettrait de...

— Impossible, coupa Cuong, impatient d'en finir. L'argent sera déposé sur un compte spécial ouvert par notre Comité Populaire. Vous n'aurez qu'à me demander ce dont vous avez besoin. »

Ludo ne voyait plus comment aboutir par la voie diplomatique. C'était l'impasse.

Avec sa franchise habituelle, Prune vola à son secours.

« Et ceci, ça ne vous dit rien ? »

Elle sortit le magnétophone de son sac.

Cuong, intrigué, regarda avec suspicion le petit appareil.

« Ça ne mord pas, rassurez-vous, continua Prune. C'est tout simplement l'enregistrement de la petite conversation que vous avez eue hier avec Mme Yen. Vraiment très édifiant... Vous voulez l'écouter ? Ça va peut-être vous rafraîchir la mémoire ! »

La réaction du président du Comité Populaire ne se fit pas attendre. Aussi preste qu'un reptile, Cuong fondit sur le magnétophone et se saisit de la cassette.

« Allez-y, vous pouvez la détruire. L'original est caché en lieu sûr. Ce que vous avez entre les mains n'est qu'une cassette vierge », fit Prune, partagée entre la joie d'avoir confondu Cuong et la crainte des conséquences possibles.

De son regard effronté, elle fixa l'homme jusqu'à ce qu'il bondisse vers elle.

« Je vous assigne à résidence dans votre chambre d'hôtel, hurla-t-il en les menaçant du doigt. Vous aurez tout le temps d'y réfléchir. Mais je vous préviens, si cette cassette n'est pas en ma possession dans l'après-midi, vous regretterez d'avoir voulu jouer à ce petit jeu avec moi. Ma vengeance sera terrible ! »

7
Une évasion mouvementée

« Déjà midi ! s'exclama Ludo en regardant sa montre pour la énième fois.

— Ça fait deux heures que nous sommes prisonniers dans ce trou et j'ai l'impression d'être ici depuis des siècles ! » s'énerva Prune.

Les deux jeunes gens tournaient en rond, coincés dans cette chambre d'hôtel où les avait enfermés Cuong. Rien n'était plus exaspérant que cette inaction forcée.

« Heureusement, la cassette est en lieu sûr à la léproserie, se consola Ludo. Cuong n'est pas près de la trouver. Mais je vois mal comment nous allons pouvoir mener à bien notre mission. On aurait peut-être dû éviter de le provoquer...

— Tu voyais une autre solution, monsieur le diplomate ? répondit Prune qui se sentait accusée. Tes grandes discussions n'avaient abouti à rien.

— Je te l'accorde.

— Alors, fais un peu marcher tes neurones. Il y a sûrement un moyen pour sortir d'ici !

— Tu en as de bonnes, toi ! On a tout inspecté. Tu voudrais peut-être filer par la porte comme si de rien n'était ?

— Et pourquoi pas ? » le défia Prune en ouvrant la porte de la chambre.

Comme prévu, elle se trouva nez à nez avec deux des molosses qui les avaient escortés lors de la visite des villages.

« Salut, mes anges gardiens ! Ça va, les ailes ? leur lança-t-elle avant de leur claquer la porte au nez.

— Bon, récapitulons, fit Ludo, le sourire aux lèvres. Cette voie est à exclure, on le savait. À moins de faire un trou dans les murs, je ne vois qu'une deuxième issue, le balcon.

— Tu m'as déjà dit que c'était beaucoup trop risqué.

— C'est notre seule chance de sortir. »

Les deux jeunes gens ouvrirent la fenêtre et examinèrent une nouvelle fois les lieux.

« Impossible d'atteindre le balcon du troisième », confirma le jeune homme, en se penchant.

Sans conviction, il inspecta les environs, à la recherche d'une solution miracle. Soudain, son regard s'arrêta sur un poteau électrique qui s'élevait non loin de la balustrade voisine.

« Si au moins on arrivait à sauter sur le balcon de la chambre d'à côté, on pourrait peut-être se laisser glisser jusqu'en bas le long de ce poteau en bois.

— Tu crois que c'est possible ? » murmura Prune, la mine déconfite.

Pour une fois, l'intrépide photographe était fortement impressionnée. La partie était loin d'être gagnée ! Il fallait d'abord arriver à passer d'un balcon à l'autre. Ensuite, ils pourraient peut-être sauter sur le poteau électrique qui leur permettrait alors de descendre dans la rue en défiant la vigilance de leurs gardiens.

« Quatre étages, c'est quand même un peu haut, nota Prune que la perspective de telles acrobaties n'enchantait guère.

— Tu vois une autre solution ?

— Non, malheureusement !

— Alors, on y va. Mais commençons par protéger notre retraite. »

Avec mille précautions, ils soulevèrent une vieille commode qu'ils déposèrent en silence devant la porte.

« Attention. Il ne faudrait pas que les sbires de Cuong se doutent de quelque chose, chuchota Prune.

— Tu as raison. Deux précautions valent mieux qu'une ! »

Après un rapide tour de la pièce, Ludo saisit le pied de l'appareil-photo de son amie et le glissa entre la poignée et la porte.

« Mon pied ! Il n'en est pas question. Avec quoi je vais travailler, maintenant ? fit Prune, les sourcils froncés.

— C'est le prix à payer pour notre fuite. »

Les arguments de Ludo étaient sans appel. Résignée, Prune prit son sac et se dirigea vers la fenêtre.

« Tu ne vas pas trimballer tout ça ? s'inquiéta le jeune homme.

— Je vais me gêner ! lui rétorqua-t-elle, en ajustant la lanière sur son épaule.

— Et ma trousse médicale ! Je pensais qu'on aurait pu se partager son contenu ! Ça aurait été plus facile pour sauter.

— A chacun son métier, docteur. »

L'air buté de la photographe fit renoncer Ludo. D'ailleurs, il la comprenait. Les photos que rapporterait son amie pour témoigner du sort des minorités ethniques avaient autant d'importance que sa mission. Pour alléger sa trousse, il jeta les emballages en carton des médicaments.

Affublés de leurs lourds sacs respectifs, les deux jeunes gens se dirigèrent en silence vers la fenêtre.

« Il y a combien de mètres entre les deux balcons ?

— Deux mètres environ, murmura Ludo. Je passe en premier, comme ça je pourrai te rattraper. »

Prune ne répondit pas, touchée par la prévenance de son ami.

« Surtout, fais attention à toi », chuchota-t-elle lorsque le garçon s'avança sur le balcon.

Ludo enjamba lentement la rambarde en prenant appui sur le mur gris. Il regardait droit devant pour ne pas voir le vide qui s'étendait sous lui. Son cœur battait à une vitesse vertigineuse.

« A trois, je saute ! tenta-t-il de se raisonner. Un, deux... »

Poussé par la peur, Ludo n'eut pas le temps de compter jusqu'à trois. Il s'arc-bouta sur ses jambes et se propulsa sur le balcon voisin. Son sac lui heurta violemment les côtes. Malgré la douleur, ses mains réussirent à agripper la rambarde... Rétablissement réussi !

Ses boucles blondes en bataille, Ludo fit signe à Prune de sauter.

« Fais attention, ça glisse !

— Ludo ! Je voulais te dire que...

— Tu me feras tes confidences un autre jour. Allez, saute, je te rattrape ! »

Prune grimpa sur la rambarde. Ludo l'attendait bien campé sur ses jambes, une main tendue vers elle. La jeune fille jeta un bref coup d'œil en bas. Les rares passants paraissaient minuscules.

« Un. Deux. Trois ! » compta Ludo pour l'encourager.

Et Prune s'élança dans les airs. Son pied avait déjà touché le rebord du balcon opposé, quand soudain, la lanière de son sac glissa lourdement le long de son bras. La jeune fille ramena brusquement sa main vers elle pour le rattraper, sans se préoccuper du reste. Cet instant d'inattention lui fut fatal. Mal stabilisé, son pied glissa et, comme dans un cauchemar, Ludo la vit perdre l'équilibre. Un réflexe inespéré lui permit de saisir au vol la main de son amie.

Le choc fut brutal, mais Ludovic tint bon, l'autre main fermement accrochée à la rambarde.

« Ne me lâche pas ! Pense à mes appareils photos ! » cria-t-elle, le corps suspendu dans le vide. »

C'était bien le cadet de ses soucis !

« Accroche-toi ! Je vais te hisser sur le balcon. »

Dans un ultime effort, Ludo banda tous ses muscles et la tira lentement jusqu'à lui.

Enfin, Prune reprit pied à ses côtés :

« Heureusement que tu étais là, mon héros. »

Tous deux se mirent à rire nerveusement pour évacuer leur peur.

« Moins fort ! On pourrait nous entendre », souffla Ludo en reprenant haleine.

Il invita la jeune fille à ramper comme lui sur le balcon.

« Regarde, on dirait une femme hérisson », s'exclama Prune, déjà remise de ses émotions.

Par la fenêtre, on apercevait une femme au dos orné de ventouses. Ces petites bouteilles en verre de la taille d'un pot de yaourt avaient été chauffées avant d'être posées sur le dos de la patiente. Les Vietnamiens prétendaient que les ventouses étaient excellentes pour la circulation sanguine et les humeurs...

Nos deux cascadeurs parvinrent sans se faire remarquer à l'extrémité du balcon, où une nouvelle épreuve les attendait.

« On n'y arrivera jamais, souffla Prune, dépitée.

— Le poteau électrique est plus loin que je ne le pensais. Mais il faut l'atteindre. Courage !... Ou alors, on n'a plus qu'à rebrousser chemin jusqu'à notre résidence surveillée.

— Sauter à nouveau d'un balcon à l'autre, jamais !... Allez ! En avant ! je te laisse passer en premier... » décréta Prune que sa précédente tentative n'avait pas beaucoup convaincue.

Si Ludo n'était pas plus sûr de lui, il s'efforça toutefois de dissimuler sa peur.

« Tu fais exactement comme moi. Grimpe sur la rambarde et saute vers le poteau. Dès que tu le sens, tu refermes les bras et tu t'agrippes. Compris ? »

Ludo remonta les manches de sa chemise pour mieux adhérer au tronc de bois. Il respira profondément avant de s'élancer courageusement dans le vide...

Quand il referma ses bras autour du poteau, le jeune médecin soupira. Le saut l'avait bien secoué mais heureusement il avait tenu bon.

« Rien de cassé ? s'inquiéta Prune.

— Rien de grave. Juste un coup sur le nez. Je commence à descendre pour te laisser la place. A toi, maintenant ! Surtout, agrippe-toi bien. Cette fois-ci, je n'arriverais pas à te rattraper... Bonne chance ! »

La gorge nouée, Prune bondit en avant sans prendre le temps de réfléchir. Le saut était bien calculé. Elle arriva contre le poteau avec beaucoup plus de douceur que son ami, s'y accrochant fermement.

« Jolie performance ! la félicita Ludo en levant la tête.

— Merci », fit-elle en levant son pouce en signe de victoire avant de se laisser descendre.

Déjà, Ludo posait pied à terre. Prune crut bon de s'arrêter pour envoyer un baiser à son complice de toujours. Mal lui en prit. La lanière de sac glissa brutalement le long de son bras, lui faisant perdre une seconde fois l'équilibre. Son corps bascula dans le vide tandis que son sac s'écrasait sur le bitume, quelques mètres plus bas, dans un bruit de verre brisé. Ludo eut juste le temps d'ouvrir les bras pour récupérer la jeune fille. Emporté par son encombrant fardeau, il s'écroula sur le sol.

« Décidément, c'est une manie chez toi ! souffla-t-il en lâchant sa prise.

— Laisse-moi ! » s'exclama son amie, au bord des larmes.

Et elle roula jusqu'à son sac photo qui gisait à cheval entre le trottoir et le caniveau...

Quelques passants, éberlués, regardaient les deux jeunes gens et le poteau sans comprendre pourquoi ils avaient choisi une aussi curieuse voie pour sortir de leur hôtel.

« Sauvons-nous, ordonna Ludo qui ne plaisantait plus. Tu feras le bilan des dégâts quand nous serons en sécurité. »

A peine réfugiés dans la léproserie, Prune et Ludo avaient fait part à sœur Bernadette de leur mésaventure. Celle-ci avait immédiatement réuni, selon ses propres termes, un « comité d'urgence » chez Ha Brai :

« Pas d'affolement ! Du sang-froid. Avant d'agir, il nous faut réfléchir à un plan d'action. »

Prune, qui n'avait pas encore eu le temps d'examiner les dégâts subis lors de la chute de son sac, le posa sur la table basse. Elle l'ouvrit en retenant son souffle avant de pousser un petit cri désespéré.

« Non, ce n'est pas vrai !... »

Délicatement, elle sortit son boîtier Z 10 Pentax et son auto-focus de poche dont il ne restait pratiquement plus que les lanières. Elle les contempla longuement comme un boxeur sonné par un K.O. :

« Mes chers petits, mes enfants, ils sont en miettes. »

Ka'Kho crut bien faire en lui tendant la poubelle.

« Ça, jamais ! Je ne laisserai pas mes appareils finir dans un tas d'ordures. Jamais, vous m'entendez ! »

Tous la regardaient, désolés pour elle.

« Toi, je t'emmène chez le docteur dès que nous serons de retour à Paris », fit-elle avec un brin d'humour en prenant son grand angle.

La lentille frontale de l'objectif avait explosé sous la violence du choc. Heureusement, son flash et les autres optiques n'avaient pas trop souffert.

« Ah ! mon vieux K 1000. Toujours fidèle. Tu n'as pas une égratignure... Ça, c'est du solide. Je crois que je pourrais planter un clou avec ce boîtier ! »

Un à un, Ludo, sœur Bernadette, Ha Brai et Ka'Kho rejoignirent Prune autour de la table basse.

« Bon, désolé de t'interrompre, Prune, mais il est urgent de mettre au point notre stratégie, annonça sœur Bernadette, en posant sa main sur l'épaule de la jeune fille. Première étape : le bilan de la situation. »

La religieuse semblait se plaire dans ce rôle digne d'un roman policier. Son regard pétillait de malice.

« Je ne vous cache pas que votre position est très délicate. »

Prune arrêta de se pencher sur ses objectifs pour regarder cette femme hors du commun.

« Cuong n'a pas dû digérer votre évasion et encore moins le fait d'avoir perdu la face. Il ne vous le pardonnera jamais. Pigé ?

— Pigé, ma sœur, répondit Ludo en souriant.

— Il va tout mettre en œuvre pour vous retrouver et détruire la cassette ! Vous vous êtes fourrés dans un drôle de pétrin.

— Il faut partir très vite visiter les villages montagnards les plus démunis avant que Cuong nous mette la main dessus », suggéra Ludo, avec bon sens.

Assis sur ses talons, Ka'Kho ne perdait pas une miette de la conversation.

« Ludo a raison. Partons tout de suite, insista Prune qui avait momentanément oublié les malheurs de ses appareils-photo.

— Seuls, vous ne parcourrez pas dix kilomètres sans vous faire pincer. Vous avez besoin d'un guide sûr. Je viens avec vous, proposa sœur Bernadette, cachant mal son excitation.

— Est-ce bien raisonnable ? demanda Ludo, de plus en plus épaté.

— Je n'ai pas l'habitude d'être raisonnable ! trancha-t-elle. Et je vous préviens tout de suite : c'est une équipée dangereuse qui demande beaucoup de sang-froid !

— Tu ne trouves pas qu'elle parle comme le commissaire Navaro ? murmura Prune en donnant un coup de coude à son ami.

— Oui, un peu, répondit Ludo, amusé par la comparaison.

— Cette opération, que je baptise "SOS Montagnards", doit être préparée dans les moindres détails, poursuivit sœur Bernadette. Les routes sont surveillées. Si nous sommes pris, vous êtes cuits et moi je peux recommander mon âme à Dieu. »

La religieuse fit un signe de croix, alors que Ka'Kho s'éclipsait dans une petite pièce sur la gauche. Quelques secondes plus tard, l'enfant revint avec un balluchon presque plus haut que lui :

« Moi avoir grande idée pour ma petite taille. »

Le garçon ouvrit son sac, déballant pêle-mêle un chapeau conique vietnamien, un foulard, des lunettes de soleil et un large pantalon noir.

« Pour Prune ! » annonça-t-il fièrement en tendant ses trouvailles à la jeune fille.

Sans se faire prier, la photographe revêtit son déguisement improvisé.

« Tu sais que tu me plais en Vietnamienne ? lui susurra Ludo avec un sourire enjôleur.

— Merci pour les autres jours, fit-elle en faisant une belle grimace.

— Tu es parfaite, Prune, conclut sœur Bernadette. Toi, Ludo, je te vois bien en paysan. Je vais te trouver des vêtements d'ici demain matin. Pour cette nuit, vous dormirez tous les deux ici. »

Les jeunes gens n'avaient pas d'alternative. Aussi remercièrent-ils chaleureusement leur hôtesse pour son hospitalité.

« Je récapitule : demain matin à 4 heures, départ pour les hauts-plateaux. La mission "SOS Montagnards" durera trois jours, O.K. ?

— O.K., chef, euh pardon, ma sœur, s'excusa Prune qui avait oublié qu'elle avait affaire à une religieuse.

— Appelez-moi Berny, ce sera plus simple. »

Ludo et Prune se regardèrent, les yeux ronds. Décidément, cette femme semblait tout droit sortie d'un film d'aventures. Quelle chance ils avaient eue de la rencontrer !

« Dis, Ludo, reprit l'étonnante religieuse, pourrais-tu me rendre un service ?

— Avec grand plaisir, Berny.

— J'aimerais que tu assures la visite médicale dans la léproserie en fin d'après-midi. Mon médecin habituel est souffrant.

— Naturellement... Mais j'avoue ne pas être un grand spécialiste de la lèpre.

— J'ai mon diplôme d'infirmière. Je serai là pour t'assister.

— Eh bien, intervint Prune, l'air soudain grave, je vous laisse à vos malades. Moi, je reste chez Ha Brai pour "soigner" mes appareils-photo. »

Plié en deux depuis plus d'une demi-heure, Ludo nettoyait avec beaucoup de soin les lépromes purulents du malade allongé devant lui sur le petit lit de consultation. A l'aide d'une compresse imbibée de Bétadine, une lotion cicatrisante que lui avait donnée sœur Bernadette, il tamponnait une à une ces plaies surinfectées qui laissaient les chairs à vif. Bien sûr, ils avaient, l'un et l'autre, soigneusement enfilé des gants en caoutchouc pour éviter toute contamination.

Le visage du lépreux était complètement déformé par les boursouflures. Sa paupière droite était tellement gonflée qu'il ne pouvait rien voir de cet œil. Quant à ses bras, ils disparaissaient sous des plaques de pustules écailleuses.

Ludo se releva pour s'essuyer le front. Dans le

petit dispensaire, propre et parfaitement organisé, l'air était surchauffé.

« Ça va, Ludovic ? lui demanda sœur Bernadette, remarquant la pâleur de son teint.

— Oui. Mais vous savez, c'est la première fois que je vois des lépreux autrement que dans les livres de médecine. C'est très impressionnant. »

De ses cours, Ludo se souvenait que la lèpre, transmise par un microbe, rongeait lentement le corps des malades de façon affreuse. Il savait aussi qu'il n'existait pas de vaccin et que le traitement pour en guérir durait de nombreuses années.

Lorsque Ludo eut fini de nettoyer toutes les plaies, sœur Bernadette raccompagna le malade hors de la petite pièce et revint avec un homme jeune apparemment en bonne santé :

« Cela ne va pas durer longtemps, ne t'inquiète pas, lui dit-elle... Ludo, je te présente Dung, l'instituteur de Ka'Kho. »

Assez petit, l'homme était vêtu simplement d'une chemise blanche et d'un pantalon de toile. Son visage émacié contrastait avec ses yeux très doux.

Sœur Bernadette ajouta :

« Peux-tu lui faire un frottis nasal ? J'aimerais être certaine qu'il ne souffre pas de la lèpre. »

Ludo maîtrisait ce geste simple. Le prélèvement de sécrétions à l'intérieur du nez serait ensuite analysé en laboratoire pour déterminer la présence ou non des bacilles de Hansen, les microbes responsables de la maladie.

Le jeune pédiatre fit asseoir l'instituteur sur un tabouret en face de la fenêtre. Puis, à la recherche d'une curette, il fouilla dans la petite table à instruments. Au bout de quelques instants, il se résigna et demanda à sœur Bernadette :

« Où ranges-tu les curettes ? Je ne les trouve pas.

— Il n'y en a pas. Pour les frottis, on se sert d'un rayon de roue de vélo. Regarde dans le troisième tiroir. »

Ludo n'eut aucun mal à le trouver. Surpris, il examina le rayon de bicyclette. L'une de ses extrémités avait été martelée pour lui donner la forme d'une petite cuillère plate.

« Ne fais pas cette tête ! fit sœur Bernadette. Ici, on fait avec les moyens du bord. "Quand on n'a pas, il faut savoir improviser", telle est ma devise. Sois tranquille, cela marche très bien et le rayon est stérilisé. »

Ludo prit place en face de l'instituteur et glissa l'« instrument » dans la narine droite de Dung. La longueur du rayon le gênait dans ses mouvements. Aussi, ce fut avec une infinie précaution qu'il préleva des petits lambeaux de la muqueuse nasale. L'homme fit pourtant la grimace, esquissant un mouvement de tête vers l'arrière.

« Surtout ne bouge pas, recommanda sœur Bernadette. C'est un peu désagréable, mais on a presque fini. »

En effet, Ludo ne tarda pas à retirer le rayon et à déposer soigneusement les prélèvements dans le petit tube en verre qui allait être envoyé en analyse. L'opération n'avait duré que quelques dizaines de secondes.

Soudain, Tôm fit éruption dans la salle de soin avec deux verres de jus de mangue. Ludo ne put s'empêcher de sursauter.

« C'est incroyable ! Ce cuisinier est vraiment le portrait craché de Cuong. Je me ferai surprendre à chaque fois. »

La consultation se prolongea jusqu'à la tombée du jour. Porté par le dévouement sans borne de sœur Bernadette, Ludo apprit à surmonter ses dernières réticences, pour examiner les malades sans répulsion, avec un regard de médecin.

⁂

Le jour n'était pas encore levé quand, devant la maison de Ha Brai, deux silhouettes se découpèrent dans la pénombre. Un souffle d'air frais faisait frissonner les feuilles des arbres alentour.

« Tu crois vraiment que tes lunettes de soleil sont indispensables ? lança une voix grave. C'est le meilleur moyen de nous faire remarquer... Il fait encore nuit, au cas où tu ne t'en serais pas aperçue.

— Je fais ce que me dit Berny. Tu crois que tu

es mieux avec ton pantalon trop large et ta casquette de base ball ? » répondit une voix féminine.

Vêtus comme de parfaits Vietnamiens — pantalons noirs, chemises à carreaux et tongues pour parfaire la panoplie —, Prune et Ludo attendaient l'arrivée de sœur Bernadette. Au loin, ils aperçurent la religieuse poussant dans chaque main un vélomoteur.

« Pas trop mal dormi ? Tenez, c'est pour vous, fit-elle en leur tendant les deux Honda. J'ai choisi de vieux modèles pour éviter d'attirer l'attention.

— Tu es formidable, Berny, tu penses à tout, la félicita Ludo, avec un regard attendri.

— Question d'habitude ! Ma mobylette est devant le dispensaire. Rejoignez-moi dans cinq minutes... Ah, j'allais oublier ! Ludovic, donne-moi ton matériel médical, je le cacherai dans mon vieux panier en osier. Quant à toi, Prune, interdiction de prendre ton sac photo.

— Mais...

— Désolé, il est énorme. On te repérerait à des kilomètres ! A tout de suite. »

Prune n'osa enfreindre les recommandations de sœur Bernadette. Elle se contenta de cacher sous sa chemise son K 1000, unique rescapé de la chute. Elle glissa aussi une dizaine de films dans ses poches.

Mobylette à la main, sœur Bernadette donnait ses dernières instructions :

« N'oubliez jamais que nous sommes dans l'illégalité la plus totale ! La route est parsemée de barrages de police ! »

Ludo et Prune, conscients du risque, acquiescèrent en silence.

« Surtout, roulez toujours en file indienne en laissant cinq cents mètres entre chaque Honda. Compris ? »

Sans leur laisser le temps de répondre, elle poursuivit avec la même autorité.

« Dans le pire des cas, si vous vous faites arrêter, ne parlez pas de moi. Prenez l'air naïf de touristes égarés. »

Ludo et Prune se regardèrent, inquiets. Ils se voyaient mal expliquer à la police ce qu'ils faisaient, déguisés en Vietnamiens, sur une piste isolée, loin de tout hôtel.

« Dernière chose : sachez que je veille sur vous et que je trouverai toujours un moyen de vous tirer d'affaire. Allez, c'est parti ! » lança la religieuse en enfourchant sa vieille Honda.

Depuis bientôt quarante minutes, la folle équipe s'enfonçait dans la campagne vietnamienne. Le soleil commençait à darder ses rayons au-dessus des montagnes. De chaque côté de la route, des rizières vert tendre s'étendaient à perte de vue. Un peu plus loin, des buffles paissaient paisiblement à côté des hérons et des pêcheurs à l'affût de quelques poissons distraits.

Véritable chef d'expédition, sœur Bernadette

était en tête du cortège. Derrière, Prune conservait les cinq cents mètres « réglementaires ». Quant à Ludo, il fermait la marche avec Ka'Kho sur son porte-bagages.

Un nuage de poussière rouge fit bientôt comprendre aux jeunes gens qu'ils venaient de quitter la route principale.

« Encore de la poussière ! » pensa Prune, inquiète pour son unique boîtier caché sous sa chemise.

Sœur Bernadette fonçait sur la petite piste de latérite truffée de cailloux et de bosses, tandis qu'à l'arrière, Ka'Kho assommait Ludo de questions.

« Routes aussi belles à Paris ?

— Je te raconterai les charmes de Paris en long, en large et en travers quand nous serons arrivés. Mais pour l'amour du ciel, ferme ton petit museau et arrête de gigoter. Tu vas finir par nous déséquilibrer. »

La mobylette du jeune homme présentait des signes de fatigue depuis quelques minutes. Sans amortisseurs et sans freins, Ludo avait besoin de toute sa concentration pour éviter un accident. Ballotté comme dans un shaker, il tentait de suivre Prune dont il ne voyait que le dos rouge de poussière.

« Canards ! Canards ! » hurla soudain Ka'Kho.

Ludo eut juste le temps de faire une embardée pour éviter de finir au milieu d'un surprenant troupeau. Quelque deux cents canards venaient de surgir d'un champ, conduits par un enfant aux pieds nus, armé d'un long bâton.

Nullement impressionné par cette péripétie, Ka'Kho se montrait toujours aussi bavard. Il se mit à saouler Ludo de devinettes.

« Qu'est-ce qui être sans foie et sans poumon et avec un ventre qui fait bong ?

— Euh... Non... Je donne ma langue au chat, répondit Ludo, de guerre lasse.

— Le tambour », lui cria à l'oreille le petit montagnard qui n'arrêtait pas de s'agiter sur le porte-bagages.

Nos quatre clandestins traversèrent plusieurs petits villages vietnamiens. Les paysans, pliés sous le poids de leur balancier chargé de riz, ne leur prêtaient pas la moindre attention, pas plus d'ailleurs que les rares militaires qu'ils croisèrent.

« Bon signe ! » se rassura Ludo qui avait baissé la tête à chaque fois.

Peu après la sortie du dernier village traversé, le jeune pédiatre se trouva nez à nez avec sœur Bernadette et Prune, debout à côté de leurs vélomoteurs. Ludo eut toutes les peines du monde à s'arrêter :

« Un problème ? lança le garçon, surpris.

— Non. Mais il va falloir jouer serré ! trancha sœur Bernadette, l'air soucieux. En bas de cette descente, il y a un petit pont qui surplombe une rivière.

— Et alors ? Il est écroulé ? dit Ludo qui se souvenait de la mésaventure du premier jour.

— Non ! Il est gardé par un poste de police », dit la religieuse, le regard grave.

Face à Ludo, Prune grimaça. Ça se corsait.

« Voilà ce que nous allons faire, poursuivit Sœur Bernadette. Je vais m'arrêter pour demander ma route aux policiers, histoire de déjouer leur vigilance. Pendant ce temps-là, vous passerez sans vous arrêter.

— Je te préviens, Ka'Kho, si tu dis le moindre mot, je t'arrache la langue ! menaça Ludo que le babillage incessant du petit garçon effrayait presque autant que la police.

— On se retrouve un kilomètre après le pont. Que Dieu vous garde ! » lança la religieuse en faisant redémarrer sa Honda dans un bruit de casserole.

Ludo avait les yeux rivés sur le chapeau conique de Prune.

« Surtout, mon Pruneau, tu passes sans lever la tête. Je n'ai pas envie de jouer les héros une fois de plus ! » pensa-t-il.

Agrippé derrière lui, Ka'Kho était enfin muet comme une carpe.

La jeune fille arriva à la hauteur du pont. Un camion était arrêté au beau milieu pour un contrôle. Près du poste, une simple guérite en bois, Ludo reconnut la silhouette de sœur Bernadette en pleine conversation avec les policiers.

« Le pont est étroit ! On ne passera jamais à cause de ce fichu camion ! » pesta le jeune homme entre ses dents.

Il ne pouvait quitter son amie des yeux. Bientôt, il la vit arriver à la hauteur du véhicule.

« Vas-y, fonce ! » murmura-t-il, en serrant un poing.

En fait, il avait plus peur pour elle que pour lui.

Baissant la tête, la jeune fille se faufila entre le camion et la rambarde du pont sans attirer l'attention des policiers... Tout se déroula à merveille.

« Les doigts dans nez ! ne put s'empêcher de s'exclamer Ka'Kho.

— A nous, mon bonhomme ! » lança Ludo pour se donner du courage.

Il baissa sa casquette sur ses lunettes de soleil et remonta le foulard qui lui cachait la bouche et le nez. Puis il accéléra avec nervosité.

« A droite du camion, il y a plus de place », pensa-t-il.

Arrivé à la hauteur du pont, il ralentit et piqua du nez vers son guidon pour ne pas se faire remarquer.

Soudain, un hoquet fit sursauter la Honda. Ludo tenta de donner un coup d'accélérateur. Trop tard. Le moteur avait calé !

Ludo donna un coup sur le kick de son engin pour le faire redémarrer. Rien. Nouvelle tentative. Nouvel échec...

Le jeune homme sentit deux grosses gouttes de sueur rouler sur son visage. Un policier, intrigué, sortit de sa guérite avant de se diriger droit sur eux.

« Ne rien dire. Ne pas répondre », se rappela Ludo, accroché à son guidon.

« *Co chuyen gi xay ra* ? » cria l'homme, d'un ton sec, en ajustant sa casquette.

Ludo sentit la panique le gagner.

« Je suis perdu ! »

8
Le paludisme fait des ravages

Plus rapide qu'un ouistiti, Ka'Kho sauta de la Honda. Il courut à la rencontre du policier, arborant un sourire angélique.

« *Honda bi hu rôi.*

— Qu'est-ce qu'il peut bien lui raconter ? » s'inquiétait Ludo.

Coincé entre la rambarde et le camion, le jeune pédiatre continuait à s'acharner sur le kick de sa mobylette. Chaque seconde lui semblait interminable. Il se voyait déjà menottes aux poignets, encadré par deux policiers.

Ka'Kho, la mine enjouée, revint vers lui en sautillant et commença à lui parler en vietnamien. Ludo se contentait de hocher tête. Le petit garçon se pencha vers lui pour l'embrasser.

« Moi, lui dire que toi être mon Papa, lui chuchota-t-il au passage. Mais vite démarrer. »

Ludo recommença à donner des coups de talon désespérés sur le kick. Sa casquette était trempée. Quant à son cœur, il battait aussi vite que celui des coureurs à l'arrivée du Marathon de Paris.

De temps à autre, il jetait un coup d'œil à sœur Bernadette qui gesticulait comme un diable, l'imitant en train de s'escrimer sur son engin. Les policiers étaient hilares. Ludo, lui, ne trouvait pas cela drôle du tout.

« Qu'est-ce que je vais leur dire ? Ils ne me croiront jamais. Un touriste déguisé en paysan... C'est bien une idée de religieuse », ruminait-il en s'escrimant sur le kick.

Enfin, la mobylette finit par faire un bond dans un vacarme épouvantable. Le moteur venait de démarrer.

Le jeune homme tourna la poignée des gaz à fond. Dans un sursaut, la Honda partit en crabe vers le camion. Ludo essaya de rectifier sa trajectoire. En vain. Le rétroviseur heurta la roue arrière du véhicule.

D'un coup de pied droit, le médecin rétablit de justesse l'équilibre de son cyclomoteur. Il fila sans demander son reste dans un nuage de fumée noire.

A l'endroit fixé par sœur Bernadette, Prune les attendait à l'ombre d'un palmier.

« Ce n'est pas trop tôt ! » lança-t-elle, anxieuse, aux deux garçons.

Ludo livide, les jambes coupées, eut toutes les peines du monde à descendre de sa capricieuse mobylette.

« Tu as croisé un tigre ? dit-elle, en imitant les jambes tremblantes de son ami.

— Très drôle ! Ce que j'aime le plus en toi, c'est ton sens de l'humour ! »

Pour mettre fin à ses moqueries, Ludo lui raconta sa mésaventure dans les moindres détails.

« Sans Ka'Kho, je me voyais déjà condamné à repiquer du riz dans un camp de rééducation jusqu'à la fin de mes jours. »

Il s'interrompit en apercevant la silhouette de sœur Bernadette, le corps courbé sur son guidon, soulevant derrière elle une tornade de poussière.

« Ça va, Ludo ? demanda-t-elle, en arrivant.

— Sans toi et Ka'Kho, ça aurait pu tourner au vinaigre.

— Moi rusé comme le singe, chanta le garçonnet en sautillant autour de la mobylette. Je raconter toutes mes aventures à François dans prochaine lettre.

— Au fait, Berny, qu'as-tu dit aux policiers pour les faire plier de rire ?

— Oh, rien du tout ! Simplement que les paysans feraient mieux de rouler à vélo, car ils ne connaissent rien à la mécanique. Moi au moins, je sais démonter un carburateur en deux temps trois mouvements ! » fit la religieuse, en lui lançant un clin d'œil.

Après trois bonnes heures de piste à travers un

paysage superbe, la petite troupe commençait à donner des signes de fatigue. Derrière les hauts-plateaux, au loin, les flancs des montagnes étaient tapissés d'une abondante végétation tropicale aux mille reflets.

« Village Ka'Kho ! Arrivés bientôt », s'écria le garçon en désignant un petit hameau en contrebas.

Tout en longueur, le village semblait surgi d'une autre époque. Quelques misérables huttes en bambou aux toits de paille de riz, pas d'électricité et encore moins d'eau courante d'après ce que leur avait dit sœur Bernadette... La mission commençait enfin. Ludo était impatient de passer à l'action.

Sœur Bernadette, toujours en tête, leur fit signe de s'arrêter :

« Ka'Kho, tu pars devant en éclaireur... Vous deux, aidez-moi à cacher les mobylettes. Nous continuerons à pied. Discrétion oblige. »

Ludo et Prune, époustouflés par son sens de l'organisation, l'aidèrent à dissimuler les deux-roues sous un épais tapis de broussailles.

« Restons sur nos gardes, prévint la religieuse. Le Comité Populaire place des espions dans chaque village. Postés à l'entrée ou déguisés en marchands ambulants, ils signalent tout mouvement suspect. Règle numéro un : déjouer leur vigilance », conclut-elle, en imitant l'accent anglais de Sherlock Holmes.

Ludo et Prune lui emboîtèrent le pas le long

d'un petit sentier escarpé qui les amena jusqu'à l'entrée du village. Sur leur passage, ils croisèrent une jeune femme pilant du riz avec son enfant dans le dos. Maintenu à l'aide d'une couverture, le bambin semblait bercé au rythme du pilon qui s'écrasait sur le paddy[1].

Ka'Kho les attendait, dissimulé derrière une jarre de terre cuite. Mieux valait éviter l'allée centrale. Aussi guida-t-il la petite troupe en passant derrière les paillotes.

« Moi emmener vous jusqu'à petite fille très malade. Elle très chaude. Beaucoup fièvre, comme petite sœur au ciel. »

Ils le suivirent jusqu'à une maison en bambou qui menaçait de s'écrouler d'un moment à l'autre.

« Ça, Cuong ne risquait pas de vous le montrer, fit sœur Bernadette à voix basse. Personne ne vient jamais jusqu'ici ! »

Prune et Ludo, pourtant habitués à côtoyer la misère du monde, étaient très impressionnés par l'état des lieux. Ils pénétrèrent en silence dans la petite cabane. La porte était tellement basse qu'ils durent se baisser pour la franchir.

Il leur fallut près d'une minute pour s'habituer à la pénombre. Enfin, leurs yeux commencèrent à distinguer les contours de la pièce presque vide. L'unique fenêtre, minuscule, était fermée par un morceau de tissu usé. Au centre,

---

1. Écorce qui entoure le grain de riz.

une vieille marmite reposait sur quelques braises. Tout autour, quelques ustensiles étaient accrochés à de vieux clous rouillés.

Sur la gauche, assise sur un semblant de lit, une femme les dévisageait sans cesser d'éventer sa fillette. Sœur Bernadette s'avança seule vers elle et lui glissa quelques mots pour la rassurer sur leurs intentions. Puis elle fit signe à Ludo de s'approcher.

La religieuse alla ensuite vers la marmite, dont elle souleva le couvercle :

« C'est mon test de la marmite ! Infaillible pour juger de la pauvreté des gens. »

Ludo et Prune se penchèrent. Effectivement, la leçon était édifiante. Seuls quelques grains de riz flottaient dans une eau jaunâtre. Pas le moindre morceau de viande, pas le plus petit brin de gras.

Ludo s'avança ensuite vers la paillasse où reposait une fillette chétive. Les yeux dans le vague, elle regardait fixement le toit en paille de riz, percé à plusieurs endroits par la violence des pluies de mousson. Certaines brèches avaient été bouchées par de vieux journaux.

L'enfant ne sembla même pas voir le jeune pédiatre lorsqu'il se pencha sur elle.

« Berny, peux-tu me passer ma trousse ? » demanda Ludo, doucement.

La religieuse prit son vieux panier, souleva le torchon blanc qui le recouvrait avant de lui tendre son matériel médical.

Prune vit tomber quelque chose.

« Tu as perdu ça, Berny », chuchota la jeune fille en ramassant l'objet. A sa grande surprise, elle s'aperçut qu'il s'agissait d'un vieux livre écorné des enquêtes du commissaire Maigret.

La religieuse saisit l'ouvrage en souriant :

« Je suis fan de romans policiers. J'en ai toujours un ou deux avec moi. J'adore apprendre les petites astuces des détectives. Cela me sert beaucoup pour déjouer la surveillance de la police. Comment croyez-vous que je connaisse tous mes petits trucs ? »

Elle tendit la trousse à Ludo et engagea la conversation avec la mère de la fillette, une femme à la peau toute ridée.

« La jeune malade s'appelle K'Ly, traduisit sœur Bernadette. Sa maman pense qu'elle a la fièvre des marécages. »

Pendant ce temps, Prune chargeait son appareil avec un film très sensible de 400 Asa, pour compenser l'obscurité de la pièce.

Ludo posa délicatement sa main sur le front de K'Ly.

« Elle a plus de 40 ! » murmura-t-il, inquiet, au contact de la peau sèche et brûlante.

La respiration de la fillette était saccadée. Ses yeux mi-clos brillaient de fièvre. Elle semblait avoir perdu connaissance.

Le jeune pédiatre sortit son stéthoscope de sa trousse et le déposa sur la maigre poitrine de K'Ly. Les battements de son cœur étaient très rapides. Beaucoup trop rapides. Il remonta la chemisette de l'enfant pour lui palper le ventre. Sous ses doigts, il sentit le foie volumineux et la rate proéminente.

En retrait, Prune prenait avec beaucoup de discrétion des photos de son ami en train de consulter. Seul le clic-clac de l'appareil rompait le silence.

Ludo réfléchissait à toute vitesse. Il suspectait un grave accès de paludisme. Mortelle en deux ou trois jours, cette terrible maladie transmise par certains moustiques faisait des ravages en Asie, mais aussi en Afrique et en Amérique du Sud.

Faute de microscope, le pédiatre n'avait pas la possibilité de confirmer son diagnostic par des examens biologiques. Il se concentra alors sur un interrogatoire serré.

Sœur Bernadette traduisait au fur et à mesure les réponses de la mère :

« Oui, elle a déjà eu des nausées... Oui, il lui arrive régulièrement d'avoir de fortes poussées de fièvre... Oui, elle a dans ces moments à la fois des frissons de froid et une transpiration abondante.

— C'est bien une crise de paludisme ! » conclut Ludo, l'air grave.

Il ne pouvait s'empêcher de penser à la petite sœur de son fidèle ami Aung[1]. L'enfant avait

1. Voir *Eaux troubles à Bangkok*, dans la même collection.

succombé à cette mortelle maladie dans la jungle du Nord de la Thaïlande, faute de médicaments. Ce souvenir d'adolescence, toujours douloureux, avait été déterminant dans sa vocation de médecin et son engagement humanitaire.

Ludo pinça fortement le bras de K'Ly, guettant la moindre réaction. La petite fille gémit très faiblement. Elle ne sentait presque plus la douleur. Mauvais signe... La fillette était en train de s'enfoncer lentement dans un coma irréversible. Ludo connaissait bien ces symptômes. Il n'y avait pas une seconde à perdre.

« Le cerveau n'est peut-être pas encore trop atteint », se dit-il, pour se rassurer.

De sa trousse médicale, il sortit plusieurs ampoules de quinine et un flacon d'un litre de sérum glucosé. Le traitement était simple. Le pédiatre versa la quinine dans le flacon de sérum. Puis, après avoir posé un garrot au-dessus du coude de la fillette, il piqua la veine la plus apparente. Une petite goutte de sang noirâtre refoula dans l'aiguille.

« Je l'ai eue », soupira-t-il en lui-même.

Il glissa alors dans l'aiguille un petit cathéter qu'il remonta sur plusieurs centimètres dans la veine. Ce mince tuyau de plastique relié au flacon allait permettre de faire couler régulièrement dans le sang de K'Ly le précieux médicament qui, espérait-il, lui sauverait la vie.

Ludo se releva, accrocha le flacon à une poutre en hauteur et régla le débit du goutte à goutte au maximum. Il n'y avait plus rien à faire. Juste attendre.

Pour éviter de se déplacer dans le village — il n'était pas question de se faire remarquer —, Ka'Kho amenait un à un les malades. La paillote de K'Ly s'était rapidement transformée en salle de consultation improvisée. Efficacement assisté de sœur Bernadette qui faisait les premiers diagnostics, Ludo avait déjà vu une quinzaine de malades.

En arrivant, il était loin d'imaginer l'état de pauvreté et d'indigence dans lequel se trouvaient ces montagnards oubliés de tous. De mémoire d'homme, aucun médecin n'était venu dans ce hameau perdu au milieu des montagnes. Pas de médicaments, pas de vaccins, ils n'avaient rien.

« C'est dans ces villages que l'UMI doit implanter ses dispensaires, affirma Ludo, très sérieusement. Nous sommes au cœur du problème. Avec ton aide, sœur Bernadette, nous allons faire du bon boulot. »

Tout en parlant, il pansait la blessure infectée au mollet d'une vieille femme qui mâchait sans arrêt des feuilles de bétel, sans doute pour tromper la faim.

« Attends un peu, tu n'as pas encore tout vu. Le commissaire Maigret n'abat jamais toutes ses cartes en même temps, répondit sœur Bernadette avec un sourire enjoué.

— A ce rythme-là, je n'aurai jamais assez de médicaments pour soigner tout le monde... »

Ludo continua pourtant jusqu'à ce que l'obscurité le surprenne et l'oblige à arrêter les consultations. Il aimait ces moments, où il se sentait utile et fidèle à sa vocation.

Prune, de son côté, n'avait pas perdu son temps. Elle avait déjà utilisé la moitié de ses films, consciente de tenir un scoop. Aucun journaliste n'avait été autorisé à pénétrer dans cette région depuis 1975. Elle avait une occasion unique de crier à la face du monde la pauvreté de ces hommes oubliés, sans toutefois céder au spectaculaire. Prune voulait avant tout montrer que ces hommes et ces femmes, privés de tout, n'avaient rien perdu de leur dignité.

Ka'Kho, admiratif, ne l'avait pas quittée d'une semelle.

Dans une pièce redevenue calme, les quatre amis, rejoints par la mère de K'Ly, s'assirent à même le sol sur des nattes déchirées pour partager le maigre repas préparé en secret par les habitants du village. Dans leur bol en bois, quelques grains de riz flottaient sur un bouillon sans saveur. Seules quelques gouttes de nuoc nam[1] donnaient un peu de goût à l'ensemble.

« Les montagnards ont certainement dû se priver pour nous offrir cette soupe », souligna sœur Bernadette, soucieuse.

---

1. Saumure de poisson dont se servent les Vietnamiens pour assaisonner leurs plats.

Ludo hocha la tête. Il était gêné et s'en voulait de ne pas avoir pensé à apporter de la nourriture.

« Vous ne me croirez pas, mais il y a des jours où ils n'ont que des feuilles et des racines à se mettre sous la dent », ajouta la religieuse, en soupirant.

Un silence pesant s'ensuivit, troublé seulement par le vol des moustiques.

« Sale bête ! » fit Prune en écrasant l'un d'eux, qui se dirigeait droit sur elle comme une torpille.

Avec la nuit, les moustiques avaient vite repéré la chair tendre des deux jeunes Français.

« J'espère que tu n'as pas oublié ton comprimé de Lariam ? demanda Ludo à son amie.

— Je ne pars jamais sans traitement antipaludéen, tu devrais le savoir, docteur.

— Excuse-moi de te le rappeler, mais je suis bien trop fatigué pour te soigner. »

Sa dernière gorgée à peine avalée, Ludo se leva et se dirigea vers K'Ly. A son désespoir, le front de la fillette était toujours aussi brûlant.

« Son état est de plus en plus alarmant. J'ai peur de ne pas pouvoir la sauver. Il aurait fallu l'hospitaliser de toute urgence. »

Ludo vérifia pour la énième fois la perfusion. Tout était parfaitement en ordre. La quinine s'écoulait lentement dans la veine.

Épuisé par cette éprouvante journée, Ludo finit par s'allonger au chevet de la fillette, pendant que la mère continuait de veiller. Il s'enveloppa complètement la tête avec une sorte de grand foulard que lui avait prêté la Vietnamienne.

« Tu te prends pour un Touareg ? interrogea Prune en regardant son ami.

— Je te conseille d'en faire autant si tu veux te protéger des moustiques. Moi, je n'ai pas envie de leur offrir mon sang en guise de festin.

— Ne t'inquiète pas pour moi, répliqua la jeune fille, une étincelle dans les yeux, j'ai la peau dure. »

Mais dès que Ludo se fut assoupi, Prune se précipita sur le torchon de sœur Bernadette qu'elle enroula autour de sa tête.

9

Prune dans de sales draps

« Tu devrais te reposer. Ce ne sont plus des cernes que tu as sous les yeux, mais des valises ! lança Prune à Ludo... On dirait que tu viens de traverser l'Atlantique en solitaire.

— Que veux-tu ! Il y a tellement à faire... »

Depuis trois jours, la petite troupe n'avait pas chômé. Sœur Bernadette les avait conduits de village en village avec la même ferveur et le même dynamisme. Dans les six hameaux déjà visités, la misère et l'absence de soin se faisaient cruellement ressentir. Ludo travaillait presque vingt-quatre heures sur vingt-quatre pour tenter de soulager la souffrance de ces minorités opprimées.

Dans le septième hameau, les quatre amis s'étaient quand même accordé quelques minutes de répit autour d'un thé vert au goût amer. Comme dans toutes les paillotes où ils avaient été reçus, il n'y avait aucun meuble. Tout au plus une petite table en bois autour de laquelle ils s'étaient assis, et une natte pour dormir.

Pour Ludo, cette mission clandestine était un réel succès. Il avait pu toucher du doigt les vrais problèmes. Pas de doute, l'UMI devait ouvrir des dispensaires dans tous ces hameaux et former des infirmiers locaux... avec ou sans l'accord de Cuong !

Prune, son Pentax à la main, photographiait le malheur et la vie quotidienne de ces hommes qui l'accueillaient toujours avec la même gentillesse. La journaliste avait conscience de tenir un témoignage de premier plan, qu'elle avait hâte de publier.

Leur hôtesse, une jeune femme d'une rare beauté, insista pour leur resservir un peu de thé vert. Son visage allongé, ses grands yeux noirs et ses lèvres sensuelles étaient encadrés de longs cheveux noirs, relevés en chignon. Ils étaient retenus par un large peigne en corne de buffle.

A son cou, elle portait plusieurs petits colliers en terre cuite de tailles différentes. Prune lui fit comprendre par gestes qu'elle les trouvait ravissants. La femme lui sourit. Elle détacha de son poignet un petit éléphant en cuivre et le lui tendit. Prune, gênée, s'apprêtait à le refuser.

« Prends-le, fit sœur Bernadette, avec un petit signe de tête. C'est un cadeau. La minorité M'Nong vénère encore le “Génie Éléphant” et c'est un honneur pour elle que tu l'acceptes. »

Prune, très touchée de cette attention, lui

offrit à son tour l'une des bagues en argent qui ornaient ses doigts, et l'embrassa sur les deux joues. Intimidée et heureuse, la jeune femme s'enfuit en riant dans un coin pour mieux admirer, à la lumière, la bague surmontée d'une belle pierre rouge.

Le reste de la matinée passa à toute vitesse. Comme d'habitude, Ludo ausculta sur place, surtout des enfants.

« Vilaine plaie ! Je n'ai presque plus d'antibiotiques ni de désinfectant ! » finit par lancer le pédiatre, embêté.

Avec le reste de solution de Dakin, il nettoyait un abcès purulent à la cheville gauche d'un adolescent.

« Moi, il ne me reste qu'un rouleau de pellicule, renchérit aussitôt Prune, et le déclencheur de mon vieux K 1000 commence à donner de sérieux signes de fatigue.

— Il n'est pas le seul ! » souffla Ludo, en réprimant un bâillement.

Sous sa barbe blonde de trois jours, Ludo avait les traits tirés et les joues creusées par les nuits de veille. Agenouillé aux pieds de l'adolescent, il finissait tout juste de bander la cheville tuméfiée, quand Ka'Kho déboula en trombe dans la maison.

« Ludo, vite venir ! Bébé plus respirer. Tout bleu ! Vite ! »

Ludo et Prune se levèrent d'un bond et le

suivirent en courant jusqu'à une paillote, à l'autre bout du village.

A l'intérieur, une femme, le visage couvert de sueur et de poussière, était allongée sur une natte posée à même le sol. Elle tenait contre elle un bébé enveloppé dans une vieille serviette qu'elle tapotait désespérément. Les yeux rivés sur ce petit corps, elle ne sembla même pas s'apercevoir de l'arrivée des jeunes gens. De grosses larmes roulaient sur ses joues.

« Il a l'air inconscient », murmura Prune, consternée.

Ludo se pencha sur la jeune femme avec un sourire bienveillant et se saisit du nouveau-né avec beaucoup de douceur. La mère le laissa faire, sans réagir, comme assommée.

Le pédiatre le déshabilla immédiatement. Le bébé, presque sans vie, émettait seulement des petits couinements. Sa peau était violacée.

« Il ne respire pratiquement plus », souffla Ludo, la gorge nouée.

Il saisit le nouveau-né par les pieds et se mit à le secouer, la tête en bas, pour essayer de lui dégager les voies respiratoires. Le bébé ne réagissait toujours pas.

D'un geste rapide, Ludo le retourna dans sa main droite et se mit à lui masser la poitrine de sa main gauche pour essayer de réamorcer sa respiration. Le jeune homme exécutait avec beaucoup d'attention ce geste qu'il avait vu faire plusieurs fois par les sages-femmes. Il avait l'impression que, sous ses doigts, le frêle thorax pouvait se briser à tout instant.

Tandis que le médecin menait un combat sans merci contre la mort, Ka'Kho expliqua à Prune que cette femme avait déjà eu trois bébés.

« Toujours accouché seule.... avec ça », ajouta-t-il en désignant une vieille paire de ciseaux rouillés posés près de la natte.

Prune ne pouvait pas en croire ses yeux :

« Tu ne veux tout de même pas me dire qu'elle se sert de ces vieux ciseaux pour couper le cordon ombilical !

— Oui, elle couper le fil du bébé avec ça, toute seule. »

Prune secouait la tête, accablée, lorsque Ludo, le front couvert de sueur, s'écria brusquement :

« Bon dieu ! Je n'y arriverai jamais. Allez, petit ! Un effort, réveille-toi ! »

Malgré les efforts du pédiatre, le bébé ne respirait toujours pas.

« Prune, passe-moi l'éther, débouché. »

Il espérait que la sensation froide de cet alcool sur la poitrine nouveau-né provoquerait un déclic.

Ludo saisit le flacon et versa un peu d'éther sur le minuscule thorax. Rien à faire. Le bébé, inerte et de plus en plus violet, ne respirait pas.

Au fond de lui, le jeune homme savait qu'il n'y avait plus rien à faire. Mais il refusait d'accepter cette terrible fatalité. Il s'apprêtait à reprendre son massage cardiaque lorsque Prune s'approcha doucement de lui.

« Arrête, Ludo, murmura-t-elle, en le prenant par l'épaule. Tu vois bien que c'est fini ! Tu as tout essayé, ce n'est pas ta faute. »

Le jeune pédiatre était effondré. Bien qu'il eût tenté tout ce qui était en son pouvoir, force était de constater que le petit corps qu'il avait dans les bras était bel et bien mort.

« Pourquoi ? Ce n'est pas possible qu'un enfant décède dans ces conditions au XXe siècle. Ce n'est pas possible... »

Le jeune homme, profondément abattu, refusait d'accepter une aussi odieuse réalité.

« Tu n'y es pour rien, mon Ludo. Tu as fait ce que tu devais faire. Tu n'as rien à te reprocher ! Même le SAMU n'aurait pas pu sauver ce bébé. Nous sommes arrivés trop tard. C'est la... »

La jeune fille n'eut pas le temps de finir sa phrase. Sœur Bernadette, échevelée, débarqua comme un ouragan dans la petite pièce.

« Allez, on décampe ! Des hommes du Comité Populaire se dirigent vers le village. Leur réseau d'indicateurs a bien fonctionné ! »

Ludo eut juste le temps d'attraper sa trousse médicale, et Prune son fidèle appareil-photo.

Chevauchant leurs deux-roues, les quatre amis fonçaient sur un étroit chemin de terre. Ils avaient heureusement pu récupérer leurs maigres affaires, regroupées par sœur Bernadette.

Ludo, encore sous le choc, roulait derrière Prune comme un zombie.

« Toi pas être triste. Mort faire partie de vie », tenta de le consoler Ka'Kho.

Le jeune pédiatre ne lui répondit pas. Il semblait être sous anesthésie.

« Attention ! » hurla Ka'Kho, en voyant Prune s'arrêter brutalement.

Ludo eut juste le temps de freiner et de donner un coup de guidon pour éviter de renverser la jeune fille.

« Non, mais tu es complètement inconsciente de t'arrêter sans prévenir ! Tu ne crois pas que j'en ai assez vu pour aujourd'hui sans avoir, en plus, ta mort sur la conscience ? »

Prune préféra ne pas répondre pour ménager les nerfs de son ami, trop écorché.

« Je suis désolée, Ludo. Je voulais simplement prendre une photo. Regarde la femme là-bas ! »

Le jeune homme aperçut une paysanne repiquant du riz dans une rizière verdoyante.

« Je ne vois pas ce qu'il y a d'extraordinaire. Cela fait trois jours que nous voyons des paysannes et c'est maintenant que tu te réveilles ! ronchonna-t-il.

— Oui, mais celle-ci fera une photo géniale pour mon reportage ! Regarde bien... »

Ludo plissa les yeux.

« Tout en travaillant, précisa Prune, elle porte ses trois enfants sur son dos dans une hotte tressée !

— Bon, d'accord. C'est une très belle image ! Mais tu as l'air d'oublier que nous avons le Comité Populaire aux trousses. Ils peuvent arriver d'un instant à l'autre. Tu n'as vraiment rien dans la tête et... »

Prune ne lui laissa pas le temps de poursuivre. Elle sauta de sa mobylette et descendit avec agilité dans la rizière.

« Ne m'attendez pas, cria-t-elle. On se rejoint dans un kilomètre. J'en ai pour cinq minutes. »

Ludo lui fit signe qu'elle était folle puis démarra, impuissant et rageur.

Prune grimpa sur une des petites digues en terre qui séparaient chaque rizière. Elle s'approcha lentement de la femme pour ne pas l'effrayer, enleva son chapeau conique et porta le viseur de son appareil à son œil droit. Comme chaque fois qu'elle prenait des photos inédites, Prune préférait les multiplier pour choisir la meilleure. Elle en était à sa troisième photo quand le réarmeur se bloqua.

« Ce n'est pas possible ! Tu ne vas pas me lâcher, toi aussi, mon vieux K 1000 ! »

La jeune fille sortit son couteau suisse. Impossible, malgré tout, de débloquer le levier métallique. Énervée par la résistance qu'il lui opposait, elle frappa le boîtier sur une motte de terre. C'était sa dernière chance.

En entendant le choc sourd, la paysanne se retourna. Surprise de voir une Européenne, à quatre pattes sur la digue, elle poussa un cri aigu et s'enfuit en soulevant derrière elle des gerbes d'eau.

« Elle n'a jamais vu d'Occidentaux de sa vie, ou quoi ! » jura Prune, furieuse contre elle-même.

Déçue, elle rebroussa chemin.

« Décidément, ce n'est pas notre jour ! » murmura-t-elle en grimpant sur sa Honda.

Elle allait repartir lorsqu'elle entendit un bruit de moteur derrière elle. Elle se retourna. Son cœur fit un bond.

Une moto fonçait droit sur elle. Assis derrière le conducteur, deux policiers hurlaient et gesticulaient comme des pantins : « *Dung lai*[1] *! Dung lai !* »

« Ça se corse. Il est temps de filer ! »

Après avoir rapidement remis son chapeau pour dissimuler son visage, Prune tourna à fond la poignée des gaz. Avec ses trois passagers, la moto n'avançait pas bien vite. Elle avait une petite chance de les distancer.

« Mais qu'est-ce qu'elle fabrique ! s'impatientait Ludo en regardant sa montre toutes les trente secondes. Ça fait plus de dix minutes qu'on l'attend.

— Pas de panique ! Les grands détectives ne s'énervent jamais », dit sœur Bernadette.

1. Halte ! Halte !

Elle désigna du doigt une mobylette qui approchait dans un nuage de poussière.

« Tiens, la voilà, ta complice ! »

Ludo s'apprêtait à lui faire un signe pour qu'elle s'arrête quand il sentit la main de la religieuse s'abattre sur son avant-bras.

« Baisse la tête ! »

Ludo s'exécuta, non sans apercevoir la Honda de Prune passer à toute allure, poursuivie par trois hommes sur une moto pétaradante.

« J'en étais sûr. Je n'aurais jamais dû la laisser seule ! » se dit-il, en se maudissant.

Une fois les poursuivants passés, le trio se regarda, très alarmé.

« Elle va les semer, elle est rusée comme un singe, cette petite », commenta sœur Bernadette, reprenant son sang-froid.

Juste à cet instant, Ka'Kho porta les mains devant ses yeux, comme s'il voulait ne pas voir ce qui se passait.

« Oh non, Prune ! » s'écria-t-il.

En voulant éviter une tortue « boîte » plantée au milieu de la piste, la jeune fille venait de faire une embardée sur sa droite. Déséquilibrée, la mobylette heurta une grosse pierre. Sous la violence du choc, Prune passa au-dessus du guidon et fit un vol plané dans la rizière.

« Mon Dieu ! » s'écria sœur Bernadette, soudain très pâle.

Ludo, lui, était tétanisé à l'idée que son amie puisse être gravement blessée.

Impuissants, ils virent les trois hommes s'approcher du lieu de l'accident. Une petite frimousse, les cheveux collés par la boue, sortit de l'eau.

« Elle est vivante ! s'écria Ludo, soulagé.

— Eau dans rizière. Amortir chute, commenta Ka'Kho.

— Chut ! On pourrait nous entendre », fit sœur Bernadette, en fronçant les sourcils.

Un des hommes saisit Prune par le bras avec violence et la tira hors de l'eau.

« J'y vais ! fit Ludo, n'y tenant plus.

— Il n'en est pas question. Tu restes ici ! trancha la religieuse d'un ton sec. Seul contre trois, tu serais vraiment idiot d'aller te jeter dans la gueule du dragon. En plus, ils sont sûrement armés. Crois-moi, nous serons plus utiles en liberté pour sortir ton amie de ce mauvais pas ! »

10
Mission sauvetage

Encadrée par deux hommes, une petite silhouette aux cheveux auburn longeait un long couloir sombre et étroit.

Les yeux bandés, les mains solidement ligotées dans le dos, Prune ne pouvait échapper à ses gardes et elle le savait. Mieux valait ne pas résister.

« Quelle idiote je suis d'avoir fait cette photo ! songeait-elle. Par ma faute, la mission de l'UMI risque d'être compromise. »

Après son arrestation, Prune avait été conduite dans un poste de police. Quelques heures plus tard, les deux « anges gardiens » chargés de leur surveillance à l'hôtel étaient venus la chercher avant de l'enfermer dans le coffre de leur Volga. Allongée à même la tôle ondulée, ballottée comme un sac de riz, Prune avait ressenti douloureusement tous les nids-de-poule de la piste... et Dieu sait qu'ils étaient nombreux ! Le trajet lui avait paru interminable. Arrivée à destination, elle avait eu bien du mal à déplier son corps endolori pour sortir du coffre...

Prune fut tirée de ses pensées par un garde qui l'arrêta brutalement.

« Où vont-ils m'enfermer, ces brutes ? » se demanda-t-elle, en captant le cliquetis d'une clef dans une serrure. Peu après, une main la poussa dans le dos, sans ménagement. Propulsée en avant, elle sentit du bout du pied, mais un peu tard, le rebord d'une marche. Elle trébucha sous la violence de l'impulsion et alla s'étaler de tout son long sur un carrelage froid. La pièce sentait une odeur âcre de moisi.

La porte se referma aussitôt derrière elle dans un grincement digne d'un film d'épouvante.

« Vous me le payerez ! » jura-t-elle.

Prune venait juste de se relever en prenant appui sur ses genoux lorsqu'elle sentit deux bras entourer son cou. Paniquée, elle se jeta en arrière.

« C'est moi, Delphine, fit une petite voix douce.

— Delphine ? Toi... Mais que fais-tu là ? »

Prune n'en croyait pas ses oreilles. Delphine, l'infirmière de l'UMI, prisonnière !

« Tu ne peux pas savoir à quel point cela me fait plaisir de te revoir ! J'avais tellement peur, souffla la petite voix.

— Moi aussi, j'aimerais bien te voir ! Enlève-moi vite ce bandeau et raconte-moi ce qui t'est arrivé. »

L'infirmière s'exécuta. Elle se mit ensuite à défaire la corde qui entravait les bras de son amie. Dans son jean trop large, elle semblait toute menue.

« Je n'y comprends rien, dit-elle. Comme prévu, je suis venue vous rejoindre à l'hôtel de Ban Me Thuot avec quatre malles pleines de médicaments et de matériel. Personne. J'ai pensé que vous étiez partis en reconnaissance dans les villages. Alors, j'ai pris une chambre pour vous attendre. Au milieu de la nuit, poursuivit-elle, en frissonnant, deux hommes sont entrés avec des revolvers au poing. Quand je les ai entendus prononcer mon nom, j'ai cru qu'il s'agissait d'un contrôle de police. »

Prune écoutait attentivement, tout en massant ses poignets endoloris par la corde trop serrée.

« J'ai juste eu le temps de m'habiller et de prendre mon sac à dos, continua Delphine. En bas, dans la voiture, un certain M. Cuong m'a demandé où vous étiez. J'ai dit que je l'ignorais. Il m'a parlé d'une histoire de cassette enregistrée et a ajouté que vous alliez le payer très cher... Qu'est-ce que vous avez encore fait ? J'ai cru qu'on allait me tuer ! »

Encore sous le choc de l'arrestation, l'infirmière était toute tremblante. Ses grands yeux noirs écarquillés et son visage juvénile lui donnaient, plus que jamais, l'air fragile d'une poupée de porcelaine.

Prune lui relata rapidement leurs mésaventures.

« Maintenant, il faut trouver un moyen de sortir de ce guêpier. Allez, Delphine, viens m'aider. »

Les deux filles firent le tour de la petite pièce, inspectant les moindres recoins.

« C'est une ancienne buanderie. Ma grand-mère avait la même à Nantes quand j'étais petite, murmura l'infirmière.

— Quelle odeur de renfermé ! Personne n'a lavé de linge ici depuis des lustres ! »

Prune se dirigea vers un imposant lavoir en ciment gris trônant au milieu de la pièce. Au-dessus de leurs têtes, couraient des fils de fer rouillés qui servaient autrefois à étendre le linge.

« J'ai peut-être trouvé la solution ! lança Prune en désignant deux petites grilles d'aération.

— C'est beaucoup trop haut et surtout trop étroit. Même un enfant ne pourrait pas s'y faufiler, se lamenta la jeune infirmière.

— Tu as raison... » reconnut Prune, déçue.

Impuissantes, les amies s'assirent côte à côte comme deux presse-livres.

« Mais tu es blessée ? fit soudain remarquer Delphine.

— Ce n'est rien. Juste des égratignures. »

La jeune infirmière ouvrit son petit sac à dos, que Cuong avait eu la bonne idée de lui laisser, et sortit un mouchoir. Avec beaucoup de soins, elle nettoya les plaies superficielles de son amie.

« As-tu une idée précise du lieu où nous sommes ? » demanda Prune, tout en se laissant faire.

— Dans une vieille maison coloniale française perdue au milieu d'une plantation de café... » Delphine marqua une pause et avala sa salive, avant de poursuivre : « Prune, je crois que nous sommes chez Cuong... »

La porte s'ouvrit brutalement, faisant sursauter les deux jeunes filles.

« *Co khoe không*[1], mesdemoiselles ? Chère Prune, comme je suis heureux de vous revoir ! »

Cuong s'approcha, un sourire cruel aux lèvres :

« Mais vous êtes blessée. Les rizières ne m'ont pas l'air très confortables cette année ! » railla-t-il.

De son index, il souleva le visage buté de la photographe.

« Qu'est-ce que vous nous voulez ? dit la jeune fille en balayant son doigt d'un coup sec.

— Que du bien, croyez-moi. Enfin, cela dépend de vous... Au fait, je tiens à vous rassurer, votre ami Ludovic est en bonne santé... enfin pour l'instant. »

A ce nom, Prune ne put s'empêcher de faire un bond.

« Ludo, arrêté, ce n'est pas possible !

— Je l'ai invité également à notre petite fête. Il ne va pas tarder à vous rejoindre. »

« Et sœur Bernadette, et Ka'Kho ? Pourvu

1. Comment allez-vous ?

qu'il ne leur soit rien arrivé », pensa Prune, consciente de la gravité de la situation.

« Vous n'avez plus aucune chance, insista Cuong toujours aussi mielleux. Dites-moi où se trouve la cassette et je vous rendrai à tous la liberté... Sinon ! »

Apparemment, Ludo n'avait rien dit. Ce n'était donc pas elle, Prune, qui allait vendre la mèche... D'ailleurs, pourquoi son ami n'était-il pas ici ? Et si Cuong bluffait pour essayer de la faire avouer ? La jeune fille décida de ne plus répondre aux questions du Vietnamien.

Cachant son irritation, Cuong approcha sa face bouffie et fixa Prune avec intensité. Derrière ses lunettes, ses petits yeux ronds semblaient vouloir l'envoûter :

« D'après mes informations, vous êtes allés fourrer votre nez chez les montagnards.

— Oui, comme le gouvernement vietnamien nous en avait donné l'autorisation... Et je vous garantis que mes photos feront la une des magazines.

— Cela m'étonnerait beaucoup ! »

Cuong sortit de sa poche les rouleaux de pellicule que ses hommes avaient confisqués à Prune. Lorsqu'il les lui passa sous le nez, la jeune fille se mordit les lèvres.

« Rendez-moi ça tout de suite ! »

Prune bondit, toutes griffes dehors, pour tenter de récupérer ses films. Cuong, qui avait prévu sa réaction, fit un pas en arrière et repoussa son assaut d'une gifle.

Rassemblant son courage, Delphine bredouilla quelques mots :

« Sans nouvelles de nous, le président de l'UMI enverra quelqu'un à notre recherche. »

Sûr de son impunité, Cuong ne broncha même pas. Il se tourna vers Prune :

« Tes photos contre la cassette ! C'est un marché honnête, non ?

— Jamais, vous m'entendez ! Gardez les pellicules, si ça vous chante. Mais vous n'aurez rien ! »

Avec une lenteur infinie, Cuong sortit une pellicule de sa boîte en plastique. Centimètre par centimètre, le sinistre individu tira sur le film, voilant une à une toutes les photos.

« Tu as pris des montagnards, paraît-il ? Moi, je n'en vois aucun ! » ricana-t-il.

Puis il fit virevolter la pellicule au-dessus de sa tête comme un ruban.

Une nouvelle fois, Prune se mordit les lèvres :

« Espèce de...

— Du calme. Respire lentement, cela te fera le plus grand bien, susurra Cuong. Alors, tu es enfin disposée à me dire où est cette cassette ?

— Pas question !

— Dommage... J'ai emmené avec moi deux amis très chers qui sauront peut-être trouver les arguments pour te convaincre. »

Cuong se dirigea vers la porte et saisit la bourriche tressée en paille de riz qu'il avait déposée sur le seuil en arrivant.

« Mes amis ont le don de rafraîchir la mémoire des jeunes filles amnésiques. »

Toujours aussi mystérieux, le président du Comité Populaire souleva le couvercle avant de pousser du pied le panier vers Prune et Delphine.

Lentement, deux cobras entrelacés s'élevèrent à un mètre du sol. Leur coiffe gonflée au niveau du cou les rendait encore plus impressionnants.

Delphine voulut pousser un cri qui mourut au fond de sa gorge. Tremblante de la tête aux pieds, elle fit un pas en arrière.

Content de son effet, Cuong reprit la parole sur un ton presque doctoral :

« Je vous présente Liane et Arsène. Liane est un cobra cracheur, une espèce rare. Il est capable de projeter son venin à plusieurs mètres... et, ajouta-t-il d'un air cruel, il vise toujours les yeux. »

Prune comprit que cet homme n'allait reculer devant rien pour arriver à ses fins.

« Arsène, lui, poursuivit Cuong, est un cobra "monocle", reconnaissable à ce petit cercle que vous voyez dessiné sur sa collerette gonflée. Très chic, n'est-ce pas ? Sa morsure est foudroyante. Ses crochets venimeux sont aussi effilés que des lames de rasoir ! »

Tétanisées, Prune et Delphine ne pouvaient détacher leurs regards des dangereux reptiles qui ondoyaient en les fixant.

Cuong, nullement effrayé, continua son monologue :

« Mes chers petits, dites bonjour à ces charmantes jeunes filles... J'adore les cobras. Ce sont des êtres supérieurs. J'en ai toute une collection dans mon vivarium géant.

— A trop les regarder, vous avez fini par leur ressembler ! fit Prune qui essayait de garder son sang-froid.

— Quel beau compliment ! Le serpent est majestueux comme un prince. Rapide comme la flèche. Agile comme l'aigle. Combatif comme le guerrier. Foudroyant comme l'éclair. Une morsure, une seule, et vous rejoignez le royaume des ancêtres, s'exclama-t-il, avec un sourire radieux.

— Moi, je suis maligne comme le singe, têtue comme l'âne et venimeuse comme la vipère. Vous ne m'impressionnez pas du tout, Cuong-le-cobra ! »

Le Vietnamien la fusilla du regard avant d'éclater d'un rire satanique.

« Allez, je vous laisse jusqu'à demain pour réfléchir. La nuit porte conseil. Mais si vous persistez à jouer à l'âne têtu, j'offrirai demain matin votre amie à mes chers enfants. Un bien beau cadeau pour le jour du Têt[1]. »

« Alors, du nouveau ? demanda Ludo, angoissé.

— Non. Pas trouver Prune. Pas en prison. Disparue. Sœur Berny pas trouver amie infirmière à l'hôtel. Elle aussi disparue. »

1. Nouvel An vietnamien.

Ka'Kho et la religieuse avaient remué ciel et terre depuis leur retour à Ban Me Thuot pour retrouver Prune. En vain.

« Elle n'a quand même pas pu se volatiliser, s'énerva le jeune médecin, qui n'en pouvait plus de devoir rester caché à la léproserie.

— Ah ! Ludo, grâce à Dieu, tu es là ! » fit sœur Bernadette, essoufflée, en franchissant la porte de la maison de Ha Brai.

Ludo ne put masquer son étonnement en voyant la directrice de la Santé à ses côtés.

« Mme Yen est venue me voir à la léproserie, poursuivit la religieuse. Elle a d'importantes révélations à nous faire. »

L'adjointe de Cuong avait l'air bouleversée. Se sentait-elle coupable de ne pas s'être manifestée plus tôt ? Pour cacher sa nervosité, elle enroulait son mouchoir autour de ses doigts.

« Je sais où sont vos amies... »

La Vietnamienne marqua un temps d'arrêt et regarda par la porte entrouverte pour s'assurer que personne ne l'espionnait.

« Elles sont entre les mains de Cuong.

— Mais où ça ? s'impatienta Ludo, qui s'était levé d'un bond.

— Il les retient prisonnières chez lui, dans sa villa. »

Mme Yen, jusque-là si réservée, semblait libérée. S'être enfin décidée à s'opposer aux projets de Cuong la rendait fébrile.

« Papa bien connaître maison de Cuong. Lui

travailler dans plantation de café quand Français être au Viêt-nam, confia Ka'Kho.

— C'est merveilleux ! s'exclama Mme Yen, en joignant les deux mains. Mais, dépêchez-vous. Cuong est très dangereux. Dans deux jours, il doit recevoir officiellement le ministre de la Santé vietnamien. Il est prêt à tout pour récupérer sa cassette d'ici là... Rien ne l'arrêtera, croyez-moi, conclut-elle, un tremblement dans la voix.

— Merci, madame Yen. Mais pourquoi prenez-vous tant de risques pour nous aider ? questionna Ludo, un peu méfiant.

— Cuong a été un héros pendant la guerre contre les Américains. Mais depuis qu'il occupe des fonctions importantes, le pouvoir lui est monté à la tête. Seul l'argent l'intéresse. Je n'ai pas supporté qu'il tente de détourner les fonds de l'UMI. »

Silencieux, tous se mirent à chercher un plan d'action pour libérer les deux jeunes filles. Sœur Bernadette passait en revue tous les romans policiers qu'elle avait lus. Peut-être l'un d'eux lui fournirait-il une solution ?

« Moi avoir idée, s'écria le petit Ka'Kho. Ludo devoir te déguiser en dragon. Demain fête du Têt.

— Fête de quoi ? demanda le jeune pédiatre.

— C'est le "Têt Nguyen Dan", qui signifie "Fête de la Première Aube de l'Année", notre Nouvel An vietnamien, expliqua sœur Bernadette. Les festivités durent sept jours. Mais les trois premiers sont les plus animés. Des groupes d'hommes se déguisent en dragon et rendent visite à tout le monde pour souhaiter la bonne année.

— Vous connaissez certains de ces groupes ? demanda Ludo.

— Bien sûr. Le personnel de la léproserie a son dragon. »

Ludo félicita Ka'Kho pour sa vivacité d'esprit. Le Têt était une excellente occasion pour pénétrer dans la maison de Cuong sans se faire remarquer.

Restait à entrer en contact avec Prune et Delphine, puis à les libérer.

« J'ai une idée ! finit par déclarer Ludo, les neurones survoltés. Sœur Bernadette, je compte sur vous pour convaincre votre cuisinier, Tôm, de venir avec nous. Il est la clef de mon plan. Vous aussi, madame Yen, j'aurai besoin de votre complicité. »

11

« Bonne année, monsieur Cuong ! »

« Écoute ! Chien aboyer... lança Ka'Kho à Ludo qui venait de se réveiller.

— Cela n'a rien d'extraordinaire. Moi aussi, j'ai un chien. »

Le jeune homme eut une pensée émue pour Banania, son fidèle labrador.

« Toi, pas comprendre. Matin du Têt, écouter tous les bruits. Cri du chien, présage de danger et d'insécurité, fit le garçonnet, l'air soucieux.

— Et ce cri, c'est signe de quoi ? demanda Ludo qui avait dressé l'oreille.

— Gecko ! Petit lézard. Si crier sept fois, signe de chance et de bonheur. »

Tous deux s'arrêtèrent de parler, de peur de troubler l'animal. Ludo, pourtant peu superstitieux, se surprit à compter sur ses doigts le nombre de « HéHo » poussés par le gecko : 2, 3, 4, 5, 6... Soudain, plus rien. Le silence.

« Allez, petit lézard, encore un effort ! Pour mon Pruneau... », l'encouragea-t-il à voix basse.

Les secondes s'égrenaient avec une lenteur infinie.

« Docteur, pas de ch...

— HéHo ! finit par s'époumoner le gentil lézard.

— Sept fois ! Prune pouvoir être libérée. Moi sûr. Gecko jamais mentir !

— J'espère qu'il t'entendra, Ka'Kho ! »

En début d'après-midi, le culte des Ancêtres terminé, tous les Vietnamiens se retrouvaient dans les rues surpeuplées. La ville s'était parée pour la fête. Les maisons étaient fleuries et décorées de bandes de papier rouge recouvertes d'idéogrammes anciens. Sur le pas de chaque porte, des signes cabalistiques dessinés à la chaux chassaient les mauvais esprits. Tout n'était que gaieté et couleurs en ce jour de renouveau. Partout, des pétards explosaient, pour la plus grande joie des petits et des grands. Durant cette journée, tous allaient s'efforcer de se montrer bons et généreux. Du moins, ainsi le voulait la tradition...

Cuong s'était mis au balcon de sa maison coloniale. Juste en dessous, une véranda soutenue par des piliers courait autour de la splendide villa. A perte de vue s'étalaient des plantations de café.

« Voilà un dragon ! Il faut que je descende lui remettre mes offrandes... », soupira-t-il.

Au loin, un dragon multicolore à dix pattes s'avançait en ondulant au rythme des tambours.

Sa tête bariolée et grimaçante s'élançait vers le ciel tandis que son corps animé par cinq hommes dansait en s'ébrouant comme une grosse chenille. Des détonations ne cessaient de retentir au milieu de la foule qui accompagnait le monstre de papier.

« Toi, lever les bras plus haut pour faire tête du dragon menaçant. Jambes trop raides. Dragon danser, pas marcher, murmurait une paire de pattes.

— Écoute, Ka'Kho, je fais ce que je peux. Je n'ai pas été dragon toute ma vie », répondit Ludo qui ruisselait sous la tête du monstre en carton-pâte.

A travers les yeux du dragon, le jeune médecin vit Cuong descendre sur le perron pour accueillir le cortège. De bonne humeur, il sifflotait un air vietnamien.

Des enfants lui offrirent des bonbons de lotus et des *banh chun*[1].

« Phuc, Lôc, Tho ! firent-ils en chœur.

— Bonheur, Prospérité, Longévité, reprit Cuong en répétant les vœux traditionnels... Mais vous êtes là aussi, madame Yen ! s'étonna-t-il en voyant sa collaboratrice s'approcher de lui.

— Je vous souhaite tous mes vœux en cette journée de renouveau des sentiments, lui répondit-elle, non sans ironie.

---

1. Petits gâteaux de riz gluant enveloppés dans une feuille de latanier.

— Qu'est-ce que c'est ? demanda Cuong en saisissant le télégramme que lui tendait la directrice de la Santé.

— Ça vient du ministère de la Santé. C'est pour vous. »

Cuong l'ouvrit avec empressement et le lut à voix haute.

« *Monsieur Cuong,*

Arriverai à Ban Me Thuot avec 24 heures d'avance. Venez me chercher aujourd'hui même à 16 heures.

Signé : Le ministre de la Santé, Son Excellence Monsieur Nguyen Manh Hung. »

Le détestable individu froissa le télégramme qu'il enfouit dans sa poche.

« Merci, madame Yen. Je suis navré de devoir vous quitter aussi vite, mais il faut que je parte immédiatement pour l'aéroport. »

« Première étape du plan réussie, murmura Ludo, en voyant Cuong se diriger vers sa voiture.

— Moi t'avoir dit. Gecko jamais mentir ! fit une petite voix postée juste derrière lui.

— Dis à Tôm de sortir du dragon », demanda Ludo, une fois la voiture de Cuong hors de vue.

Deux pattes se détachèrent aussitôt de l'animal.

Même au grand jour, la ressemblance entre les deux hommes était saisissante. Sur les recommandations de Mme Yen, le cuisinier avait revêtu un costume identique à celui que portait toujours le président du Comité Populaire : chemise blanche et pantalon gris, sans oublier les indispensables lunettes.

Tôm pénétra sans difficulté dans la maison de Cuong, déserte. Le dragon et les joueurs de tambours l'accompagnèrent jusque dans l'entrée.

A gauche, Ludo aperçut un grand salon richement décoré de laques incrustées de nacre. Sur sa droite, un long couloir étroit était gardé par deux hommes. Prune et Delphine étaient sans doute enfermées de ce côté.

« Pourvu qu'il aille sur sa droite ! » pensa Ludo.

Après une courte hésitation. Tôm se dirigea vers les deux gardes. Ludo retenait sa respiration. Les deux hommes connaissaient bien leur patron. Allaient-ils se laisser berner par un sosie ? Il suffisait d'un geste ou d'une intonation inhabituelle pour que la supercherie soit découverte.

A travers les yeux du dragon, le jeune pédiatre vit Tôm s'approcher des deux gardes et leur murmurer quelques mots, les invitant à aller se détendre un moment dehors. Les deux hommes acquiescèrent. Avant de partir, l'un d'eux tendit un trousseau de clefs à Tôm. Puis les gardes, l'air satisfait, s'éloignèrent en se tapant dans le dos.

« Ils n'y ont vu que du feu ! soupira Ludo. La deuxième partie du plan est réussie. »

Afin de ne pas éveiller les soupçons, le dragon accompagna dehors les deux gardiens en exécutant une danse endiablée. Des enfants se précipitèrent sur eux en leur offrant des bonbons. D'autres faisaient exploser des pétards dans un vacarme assourdissant. Puis le dragon tourna derrière la maison et commença à s'éloigner. Lorsqu'ils furent hors de vue, Ludo et Ka'Kho laissèrent leur place à deux jeunes gens qui les avaient suivis.

De retour dans la villa, les deux complices, vêtus en Vietnamiens, se précipitèrent dans le couloir. Tôm, tout au fond, leur fit signe de les rejoindre.

« Être la seule porte fermée », traduisit précipitamment Ka'Kho.

Le sosie de Cuong leur tendit un lourd trousseau d'une vingtaine de clefs.

« On va mettre un temps fou à trouver la bonne ! » maugréa Ludo.

Mais la chance était décidément avec eux. Après quatre essais infructueux, la cinquième clef pivota dans la serrure. La porte s'ouvrit dans un craquement lugubre...

Anxieux, Ludo passa la tête et fouilla des yeux la pièce plongée dans une semi-obscurité. Avaient-ils suivi la bonne piste ?

Son cœur bondit de joie. Le jeune homme venait d'apercevoir dans un coin deux silhouettes qui remuaient en tous sens.

« Prune, Delphine ! »

Ligotées dos à dos et bâillonnées pour empêcher qu'elles ne donnent l'alerte, les deux jeunes filles essayaient de se libérer. En vain.

Ludo se précipita pour enlever les bâillons tandis que Tôm s'attaquait aux liens solidement noués autour de leurs poignets.

« Ludo, enfin, tu es là ! Je n'ai pas cru un instant que Cuong t'avait fait prisonnier », s'exclama Prune, à peine débâillonnée.

Ludo, qui avait du mal à cacher son émotion, restait muet. Il ne comprenait pas comment Delphine avait atterri ici.

« Ça va ma belle, pas de bobo ? s'enquit Prune.

— Non, ça peut aller maintenant, répondit Delphine en se frottant les poignets... Mais quelle brute, ce Cuong !

— Tu sais, mon Ludo, j'ai été obligée d'avouer où nous avions caché la cassette car cette crapule menaçait de transformer Delphine en hors-d'œuvre pour ses cobras, fit Prune, l'air désolé. Tu ne m'en veux pas ?

— J'aurais agi comme toi..., balbutia le jeune homme. Mais quittons au plus vite cette souricière avant que Cuong ne revienne. »

Ludo sortit son couteau de poche et se pencha pour aider Tôm à défaire les liens de Prune. Bientôt, ils seraient à l'air libre...

Brusquement, la porte s'ouvrit dans un fracas.

« Bonne année ! » hurla une voix diabolique.

Le ricanement siniste de Cuong les fit frémir de la tête aux pieds. Mais Prune, qui avait vu Ka'Kho plonger derrière la porte, tenta d'attirer l'attention du président du Comité Populaire.

« Et joyeuses Pâques ! » lui cria-t-elle, en faisant une grimace.

Cuong fit un pas vers elle. Ka'Kho profita de

cette diversion pour détaler comme un lapin, en se faufilant entre les deux gardes postés à l'entrée.

« Hé, toi, là-bas ! hurla Cuong en voyant le garçonnet prendre ses jambes à son cou.

— Trop tard ! » fit remarquer Ludo, d'un ton cinglant.

L'homme s'approcha de lui, le visage fendu d'un rictus :

« Mes hommes le retrouveront facilement. La maison est bien gardée ! »

Cuong toisa Tôm du regard. Le cuisinier était aussi pâle qu'un bol de riz.

« Très ressemblant... Vraiment parfait... », siffla-t-il, avant de se retourner vers Ludovic : « Eh bien, cher docteur, je vous croyais plus malin ! »

Cuong regardait Ludo droit dans les yeux.

« Désolé de vous décevoir, répliqua le jeune homme sans se laisser impressionner.

— Votre plan était bien imaginé. Mais vous avez commis une petite erreur qui vous a été fatale.

— Cela peut arriver à tout le monde, fit remarquer Ludo, volontairement désinvolte.

— Contrairement à ce que vous pensez, je ne m'appelle pas Cuong. C'est le nom de code que j'avais pendant la guerre contre les Américains. Mon vrai nom est Ly Hai Tuan. Et c'est celui sous lequel m'écrivent les autorités... et le ministre de la Santé. Ce petit détail m'a mis la puce à l'oreille. Le télégramme ne pouvait pas venir de lui... J'ai compris que c'était un faux, et que vous étiez sûrement derrière. »

Les mâchoires serrées, Ludo s'en voulait de ne pas avoir vérifié cet élément capital.

« Mme Yen me paiera cher cette trahison, reprit Cuong. Quant à votre amie Prune, elle a été très coopérative. Grâce à elle, j'ai pu retrouver la cassette. La léproserie était beaucoup moins loin que l'aéroport ! »

Il s'approcha de la jeune fille :

« C'est le plus beau cadeau que vous pouviez me faire, petite vipère, susurra-t-il, en lui passant la bande sous le nez. Bonne Ann... »

Cuong s'arrêta net. Des cris s'échappaient de toutes parts.

« Au feu ! Au feu !

— Ça aussi, ça fait partie de votre plan, je suppose ? fit-il, un peu décontenancé.

— Non, mais je regrette de ne pas y avoir pensé », répondit Ludo.

Le regard surpris du jeune médecin fit comprendre à Cuong qu'il ne mentait pas.

« Ce sont certainement les pétards qui ont mis le feu ! conclut le Vietnamien. Eh bien... poursuivit-il, une étincelle dans le regard. Je suis désolé de vous apprendre que trois jeunes Français et un cuisinier vietnamien vont périr accidentellement dans l'incendie de ma propriété. Vous ferez la une des journaux, demain matin. Cela ne devrait pas vous déplaire, mademoiselle la photographe. »

Cuong leur fit un signe de la main puis sortit en refermant la lourde porte à double tour.

Dehors, les cris redoublaient. Le crépitement du feu se rapprochait dangereusement.

Aidé de Tôm, Ludo se jeta avec désespoir contre la porte... Après une dizaine d'essais infructueux, l'épaule à moitié démise, il dut se rendre à l'évidence : la porte ne céderait pas. Sans un miracle, ils étaient bel et bien condamnés à périr brûlés, ou au mieux asphyxiés.

12

Cuong se venge

« Ludo, déchire ton T-shirt. Il ne faut pas que la fumée passe sous la porte », s'écria Prune, les yeux rougis par l'épaisse fumée noire de l'incendie.

Un vent de panique soufflait dans la buanderie. Torse nu, Ludo, assisté de Prune et Delphine, tentait de calfeutrer la porte avec les lambeaux de son vêtement. Tôm s'époumonait en vietnamien, espérant que quelqu'un l'entendrait à l'extérieur. Mais aucune réponse ne venait. Ils étaient beaucoup trop à l'écart.

Ludo porta soudain son regard sur le sac à dos de Delphine.

« Tu n'as rien qui puisse nous aider ?

— Non, répondit l'infirmière, en faisant l'inventaire de ses affaires.

— Même pas une lime à ongle ?

— Ça oui. »

Elle fouilla fébrilement son sac et réussit à brandir une petite lime métallique. Dès qu'il l'eut saisie, Ludo fonça vers la porte pour tenter de crocheter la serrure. Tous le regardaient s'acharner dans un bruit de cliquetis, en retenant leur souffle. C'était leur dernier espoir.

« Cette serrure est bien trop perfectionnée, finit-il par dire en jetant la lime par terre.

— On va mourir asphyxiés, gémit Delphine, bientôt secouée par une quinte de toux.

— Faites-vous des masques avec vos vêtements, lança Ludo. L'air sera moins toxique. »

Chacun déchira une partie de son T-shirt ou un morceau de son pantalon pour s'en bâillonner le bas du visage. Une fois masquée, Prune alla rejoindre Delphine au pied du lavoir, à la recherche d'un peu d'air frais.

« On frappe, s'écria soudain Ludo.

— Sauvés ! » fit Delphine, un peu trop promptement.

Tous regardèrent la porte, s'attendant à la voir s'ouvrir.

« Non, ça vient de là-dessous », répliqua Prune en désignant le lavoir.

Les sens en alerte, Ludo s'agenouilla et colla son oreille contre le sol.

« On dirait la voix de Ka'Kho !

— C'est le manque d'oxygène qui te fait délirer, ironisa Prune en toussant elle aussi.

— Non, je t'assure. Écoute ! »

La jeune fille se plaqua à son tour contre le carrelage.

« Mais, oui ! C'est Ka'Kho ! Il va nous tirer de là ! jubila-t-elle.

— Pas encore. Il faut d'abord comprendre ce qu'il nous dit et où il est. »

La petite voix étouffée venait de sous la maison. Les paroles étaient presque inaudibles.

« Tunnel... Lavoir... Sortir...

— Si je comprends bien, il dit qu'il y a un tunnel sous le lavoir, fit Prune, en relevant la tête vers ses amis.

— On ne pourra jamais soulever ce truc. Ça pèse des tonnes », constata Delphine, à nouveau debout.

Ludo secoua la tête avant de se redresser lui aussi.

« A quatre on devrait pouvoir en venir à bout », affirma-t-il, en tendant la main à Prune.

Sans attendre, tous les quatre s'arc-boutèrent contre le lavoir. Malheureusement, la première tentative fut ratée. Celui-ci ne bougea pas d'un millimètre.

« Je vous l'avais bien dit », gémit Delphine, les yeux gonflés par la fumée et par les larmes qu'elle contenait depuis un moment.

Ludo refusait de s'avouer battu :

« Allez, à trois on recommence. Un, deux, trois ! »

Rien. Pas le moindre mouvement. Après une ultime tentative, les jeunes gens se laissèrent tomber sur le sol, en nage, les poumons en feu. La fumée avait envahi toute la pièce, et comme le feu se rapprochait avec un crépitement inquiétant, la température montait progressivement... Ils ne tiendraient plus très longtemps.

« Il doit y avoir une autre solution pour déplacer ce truc, lança brusquement Ludo, en regardant Prune.

— Peut-être un mécanisme secret », suggéra celle-ci.

Sans se concerter, ils partirent à l'assaut des robinets, du système de poulies du sèche-linge, des interrupteurs... à la recherche d'une manette secrète. Pas le moindre résultat. Tôm s'acharnait sur la porte d'un petit placard fermé à clef lorsque Prune s'écria :

« Aïe... Quelle cochonnerie !

— Tu t'es blessée ? demanda Delphine.

— C'est encore ce maudit carrelage ! » grommela-t-elle en se frottant la cheville.

De rage, Prune donna un coup de pied dans le carreau branlant qui vola à l'autre bout de la pièce. Aussitôt son regard fut attiré par le trou qui venait de se dégager sous ses pieds. N'osant y croire, elle se pencha pourtant :

« Je crois que j'ai trouvé !

— Où ça ? fit Ludo en approchant.

— Là, sous les toiles d'araignées, regarde. Il y a une poignée métallique. »

Le jeune homme s'agenouilla :

« C'est vrai. On dirait bien une poignée. Pourvu que ce soit cela ! Sinon... »

Les flammes commençaient à lécher le bas de la porte dans un grésillement lugubre.

Ludo saisit la poignée métallique à pleine main. Ce qui lui fit pousser un vrai cri de douleur :

« C'est brûlant ! »

D'un geste vif, il arracha son masque et s'en banda la main. Puis il attrapa la poignée qu'il tira de toutes ses forces. Elle ne céda pas.

« Le système doit être complètement rouillé », soupira-t-il.

Nouvelle tentative. Nouvel échec. Tout en hoquetant, le jeune homme essaya quand même une troisième fois avec tout l'acharnement du désespoir...

La poignée céda enfin. Juste après, un craquement sourd fit trembler la pièce. Sous les yeux ébahis des quatre prisonniers, le lavoir venait de pivoter sur lui-même, laissant apparaître un trou béant.

« Sauvés ! s'exclama Prune, en se jetant au cou de son ami.

— Partons tout de suite », répondit Ludo, déjà un pied dans le trou.

A ce moment-là, surgit la frimousse de Ka'Kho. Prune ne put réprimer un nouveau cri de joie.

« Vite, par ici ! » murmura le gamin, une torche électrique à la main.

Tous les quatre s'engouffrèrent, derrière lui, dans le long corridor sombre qui plongeait sous terre. Ha Brai les attendait un peu plus loin.

« Attention à vos têtes. Le tunnel est très bas », prévint-il.

A moitié accroupie, la petite troupe s'élança en file indienne dans le noir, avançant comme une armée de canards. Peu à peu l'air devenait plus respirable.

« On l'a échappé belle ! soupira Delphine.

— Et tout ça grâce à Ka'Kho, lui répondit son amie... Mais au fait, comment connaissais-tu l'existence de ce passage secret ?

— Papa se souvenir de tunnel, construit par Français pour échapper à attaque », expliqua le garçon, très fier d'avoir sauvé la vie de ses amis.

Tout à fait à son aise dans ce boyau souterrain, le petit montagnard ouvrait la marche. Pour les autres, la progression était plus difficile. Ils avançaient pliés en deux dans ce tunnel étroit qui sentait le renfermé. Ludovic s'écorcha même plusieurs fois le dos sur les parois de terre. Mais tant pis, il avançait bravement, heureux d'échapper aux flammes et à la vengeance de Cuong.

Au bout de quelques minutes, un mince filet de lumière apparut au-dessus de leur tête.

« Cette trappe débouche au milieu de la plantation de café, expliqua Ha Brai, en la soulevant.

— Dieu merci, ils sont vivants », soupira sœur Bernadette qui les attendait, agenouillée à la sortie du tunnel.

La religieuse avait du mal à dissimuler son émotion. Elle retrouva toutefois très vite ses réflexes de chef de troupe : « Surtout ne vous levez pas ! Les hommes de Cuong risqueraient de vous voir. »

Un après l'autre, ils s'extirpèrent du tunnel en prenant appui sur le sol. Les plants de café en fleur offraient une excellente protection. Prune sortit la dernière, aidée par Ka'Kho. Comme les autres, elle s'assit à même le sol et respira profondément, pour retrouver son souffle, avant de plaquer une grosse bise sur la joue de l'enfant.

Au loin, les flammes dansaient, transformant l'aile droite de la maison en un gigantesque brasier. Une épaisse colonne de fumée noire s'élevait dans le ciel.

« A l'heure qu'il est, sans votre aide, on ressemblerait à des hamburgers grillés », souligna Ludo, pensif.

Il voyait nettement des hommes armés de seaux lutter pour repousser l'assaut des flammes.

« J'ai prévenu moi-même les pompiers, expliqua sœur Bernadette. Cuong ne l'avait pas encore fait. Et pour cause !... Seule la partie droite de la villa est touchée.

— Justement celle où on se trouvait, dit Ludo, une moue désabusée sur les lèvres.

— Et maintenant, qu'est-ce qu'on fait ? chuchuta Prune.

— En tout cas, pour Cuong, on est mort, fit Delphine qui avait repris des couleurs.

— Je crains qu'il ne le pense pas longtemps, soupira Ludo.

— Pourquoi ? demanda l'infirmière. Il ne devrait rester de nous que des cendres.

— Tout simplement parce que, dans la précipitation de notre fuite, on n'a pas pris le temps de chercher comment refermer la trappe, souligna le jeune homme en haussant les épaules. Dès la fin de l'incendie, Cuong va sûrement repartir à nos trousses !

— Conclusion : pas question de retourner ni à l'hôtel ni à la léproserie, résuma la religieuse. C'est le premier endroit où cet horrible personnage ira lorsqu'il s'apercevra que son plan a échoué.

— Ce serait suicidaire de se jeter dans la gueule du cobra, approuva Prune.

— Moi savoir ! lança Ka'Kho.

— Ce gamin est une boîte à idées ambulante ! dit Prune, amusée.

— Vous venir cacher vous dans village de mon père. Personne chercher vous là-bas. »

Ludo lui ébouriffa affectueusement les cheveux :

« Effectivement, c'est une excellente idée. »

Le jeune pédiatre ne put s'empêcher de penser à K'Ly. Il était sans nouvelles de la fillette depuis leur retour précipité. Était-elle encore de ce monde ? Le traitement avait-il réussi à arrêter la progression fulgurante de la crise de paludisme ?... Ludo redoutait la réponse.

« En tout cas, je me régale déjà à l'idée de voir la tête que fera Cuong quand il nous verra débarquer demain à l'aéroport, pour accueillir le ministre de la Santé, intervint Prune.

— Toi, tu es aussi retorse que l'inspecteur Derrick ! » fit sœur Bernadette, en secouant l'index.

En fait, elle était aussi émoustillée que la jeune fille par la perspective de piéger un tel individu.

Au moment de partir, Delphine faillit marcher sur une peau de serpent dont la couleur se confondait avec la terre.

« Arrête », cria Ka'Kho.

Le garçon se précipita pour ramasser la mue du reptile, aussi légère et fine que de la dentelle. Delphine le regardait, interloquée et plutôt dégoûtée.

« Chez nous, un vieux proverbe montagnard dit : *trouver une mue de serpent rend invisible pour la chasse*, commenta Ha Brai.

— Tant mieux ! lança Prune, d'un ton malicieux. Comme ça, Cuong n'aura aucune chance de nous retrouver. Nous serons les étrangers invisibles. »

La nuit avait enveloppé depuis longtemps le hameau niché au pied des montagnes. De gros nuages masquaient la lune. Aucun bruit ne filtrait des paillotes. Habitués à vivre au rythme du soleil, les montagnards dormaient.

La flamme de la lampe à pétrole semblait danser sur les corps endormis de Prune, Delphine et Ka'Kho. Morts de fatigue, ils s'étaient écroulés sur des nattes rudimentaires, après le long trajet en mobylette.

Seul, Ludo restait éveillé au chevet de K'Ly. Sous l'effet du traitement, l'état de santé de la fillette s'était amélioré. La fièvre presque tombée, la respiration à présent normale : la crise de paludisme était jugulée.

« Elle s'en tirera ! » soupira Ludo, en caressant le front de la fillette.

Épuisé lui aussi, il se laissa peu à peu gagner

par une douce somnolence. Il ne lui restait plus que quelques heures pour récupérer avant leur départ pour l'aéroport...

Soudain, son attention fut attirée par un frôlement derrière la porte, suivi de bruits de pas étouffés qui semblaient s'éloigner. Puis plus rien.

« Qui peut bien venir ici au beau milieu de la nuit ? »

Intrigué, Ludo se leva et se dirigea vers l'entrée sur la pointe des pieds, pour ne pas réveiller ses amis. Il poussa lentement la porte sans poignée... Dehors tout semblait calme. Pas le moindre signe de vie.

Il venait de refermer le battant quand il entendit, sur la droite, un glissement accompagné d'un sifflement aigu.

Le jeune homme baissa les yeux vers le sol de terre battue. Son sang se glaça.

« Des cobras ! » hurla-t-il.

A l'entrée de la pièce, tout près de son pied droit, trois magnifiques serpents se hissaient en ondulant hors d'un panier laissé ouvert.

Prune, Delphine et Ka'Kho sursautèrent sans comprendre ce qui se passait.

« Tu as crié, Ludo ? demanda Prune après avoir pris appui sur ses coudes. C'est déjà l'heure ?

— Regarde... là... Les cobras... Surtout, ne bougez pas », haleta-t-il.

Sans quitter le panier des yeux, le jeune homme alla rejoindre à reculons ses amis, au fond de la paillote.

« C'est le panier de Cuong, reconnut immédiatement Delphine, livide.

— Il a donc réussi à retrouver notre trace ? murmura Prune.

— Regarde, ils s'avancent vers nous ! gémit Delphine, en désignant deux cobras qui rampaient sur le sol.

— La lampe à pétrole, il faut que j'aille la chercher ! Les serpents ont peur du feu, lança Ludo, fixant la lampe posée près du lit de K'Ly.

— Tu es dingue ou quoi ? Tu comptes peut-être enjamber les serpents ! coupa Prune, effrayée à l'idée que son ami pouvait se faire mordre.

— Tu as une autre idée à nous proposer ?

— Regardez Ka'Kho », coupa Delphine d'une voix plaintive.

Juché sur une marmite renversée, le garçon tentait d'attraper une machette accrochée au mur, avec des gestes extrêmement lents et précis.

Tous retinrent leur souffle. Si Ka'Kho tombait, les cobras se précipiteraient sur cette proie facile.

Prudemment, le petit montagnard s'étira jusqu'à atteindre le long manche en bambou. Il recula la tête afin de ne pas se blesser avec la lame recourbée.

« C'est bon, je la tiens ! dit-il à voix basse, en vérifiant le tranchant de lame.

— Ne fais pas ça, supplia Ludo. Les serpents sont bien plus rapides que toi. »

Pendant ce temps, les deux cobras s'approchaient dangereusement. Leur petite langue bifide fendait l'air dans un sifflement terrifiant.

« Le flash ! fit Prune.

— Quoi, le flash ? demanda Ludo.

— Avec mon flash, je vais éblouir les serpents...

— Voilà une idée lumineuse », souligna le jeune homme.

Mais déjà le visage de la jeune fille se décomposait :

« C'est impossible. Cuong a gardé tout mon matériel.

— J'ai un appareil dans mon sac, réagit aussitôt Delphine.

— Montre vite. »

D'une main tremblante, la jeune infirmière ouvrit discrètement son sac à dos, sans quitter les reptiles du regard.

« Dépêche-toi ! »

Delphine extirpa le plus vite possible un boîtier et un petit flash qui se trouvaient, heureusement, en surface. Prune le lui arracha des mains et appuya sur le commutateur pour le mettre en marche.

« Alors, ça vient ? » s'impatientait Ludo.

La distance qui les séparait des serpents s'amenuisait de seconde en seconde.

« Je crois que les piles sont mortes ! » grogna la jeune fille, le visage crispé par l'angoisse.

Le petit voyant rouge s'alluma subitement, suivi d'un léger sifflement.

« C'est bon ! On peut y aller, lança-t-elle. Je les éblouis et tu les coupes en deux, compris, Ka'Kho ? »

Trois éclairs lumineux successifs déchirèrent la semi-obscurité de la pièce. Aveuglés par le flash, les cobras s'immobilisèrent. Ka'Kho bondit alors comme un guerrier, brandissant la machette au-dessus de sa tête :

« A mort ! » hurla-t-il, en abattant son arme sur le cobra le plus proche.

La tête de l'animal, sectionnée d'un coup sec, s'envola dans les airs et retomba aux pieds de Delphine, écœurée.

« Attention, derrière toi ! » souffla Ludo.

Le deuxième cobra se tassait pour prendre son élan. Alors qu'il allait se jeter sur le garçon, Prune envoya un nouveau flash dans sa direction.

Vif comme l'éclair, le petit montagnard pivota sur lui-même et abattit sa machette sur le reptile qu'il coupa en deux.

« Il n'est pas mort ! » prévint Prune.

La langue de l'animal s'agitait dans tous les sens.

« Tiens, prends ça ! fit Ka'Kho en décapitant cette fois le reptile.

— Bravo ! Tu es le plus grand chasseur de serpents de tous les temps », le félicita Prune, le pouce en l'air.

Elle allait l'embrasser lorsque Ludo l'arrêta.

« Qu'est-ce qu'il y a encore... Tu n'as pas l'air content ! ajouta-t-elle, en remarquant la mine soucieuse de son ami.

— Il y avait trois serpents. Il en manque un !

— Ludo avoir raison, dit Ka'Kho. Moi voir trois serp...

— La petite fille ! » s'exclama Delphine, en roulant des yeux épouvantés.

Ludo se tourna d'un bloc vers le lit de la fillette. Le cobra n'était plus qu'à quelques centimètres de K'Ly. Sa tête était dressée à la hauteur du visage de la fillette, son corps enroulé en position d'attaque, prêt à bondir comme un ressort.

Sans réfléchir, le jeune homme s'élança vers elle, saisit ses frêles épaules entre ses mains et la tira hors du lit.

« Le cobra, attent... ! »

Le cri de Prune se figea dans sa gorge. Impuissante, elle vit la tête plate du serpent se jeter sur Ludo. Sa gueule immense s'ouvrit brutalement, découvrant deux crochets effilés comme des lames de rasoir. Ils s'abattirent sur l'avant-bras gauche de son ami, avant qu'il n'ait le temps de réagir.

Quand le cobra redressa la tête, Ka'Kho se jeta sur lui et le tua net.

Ludo grimaçait de douleur. Il se recroquevilla, en lâchant la fillette.

« Mon Ludo ! »

Prune, affolée, se précipita vers lui pour le soutenir.

« Au contraire ! Il faut qu'il s'allonge tout de suite et qu'il ne bouge pas, fit Delphine. Sinon le venin parviendra plus rapidement au cœur. »

Ses réflexes d'infirmière avaient pris le dessus.

Ludo titubait déjà. Prune l'aida à s'allonger tandis que l'infirmière fouillait fébrilement dans son sac.

« Ça y est. Je l'ai trouvé, s'écria-t-elle, en brandissant un Aspi-Venin. On se moque toujours de moi, mais ça sert d'être prévoyante ! »

Delphine s'accroupit à côté de l'avant-bras gauche du pédiatre. Elle appliqua l'extrémité de la petite seringue sans aiguille sur la morsure et aspira, grâce à une petite pompe, le venin qui déjà infectait le sang de Ludo.

Tendu à bloc, le jeune homme était livide. Des gouttes de sueur lui inondaient le visage. Une violente douleur lui paralysait l'avant-bras.

« Moi chercher guérisseur du village ! » dit Ka'Kho, en s'élançant vers la sortie.

Delphine prit le poignet de Ludo pour surveiller son pouls, pendant que Prune, assise sur le sol, lui tenait l'autre main. Au bord des larmes, celle-ci essaya de plaisanter :

« Je te promets, mon Ludo, que je ne jouerai plus les langues de vipère. »

Le jeune homme esquissa un sourire et referma aussitôt les yeux.

« Il ne nous reste plus qu'à espérer et à attendre », fit Delphine d'une voix inquiète.

Quelques minutes plus tard, escorté par Ka'Kho, un vieil homme au visage sillonné de rides pénétra dans la pièce. Il portait une longue barbichette blanche.

« Guérisseur », dit le garçon.

Le vieil homme fit signe à Delphine de s'écarter. Après s'être accroupi à côté du corps allongé, il souleva délicatement le poignet gauche du pédiatre. Il l'examina longtemps, à la lueur de la lampe à pétrole.

Puis il s'adressa à Ka'Kho, en dialecte gia lai.

« Crochets du serpent avoir glissé sur bracelet en cuir, traduisit Ka'Kho. Blessure moins grave que prévu. »

Prune regarda le bracelet de la montre : il portait en effet deux griffures profondes.

Le vieux sage sortit de sa besace une sorte d'onguent très épais et une petite fiole contenant un liquide verdâtre.

« Herbes de la montagne, expliqua Ka'Kho. Vieil homme connaître médecine chinoise et secrets des plantes pour guérir Ludo. »

Prune et Delphine auraient aimé partager cet optimisme. Mais, face à leur ami ruisselant, les yeux toujours fermés, le corps tendu comme dans un spasme, elles gardaient peu d'espoir.

Lentement, le guérisseur étala le cataplasme sur la blessure et fit un bandage avec des feuilles de bananier.

« Ludo, toi boire ça ! » dit Ka'Kho, en montrant la fiole de verre que lui tendait le vieil homme.

Prune aida son ami à relever la tête. Il but d'un trait l'étrange potion verdâtre.

« C'est ignoble ! balbutia-t-il, ne pouvant réprimer une vilaine grimace.

— Lui dormir maintenant. Demain, chantera comme l'oiseau au printemps », traduisit Ka'Kho.

Le vieux sage se dirigea vers la porte, en se lissant la barbichette. Les deux jeunes filles le remercièrent, en espérant qu'il disait vrai. Les heures suivantes allaient être difficiles.

« Son pouls est régulier. Je pense que notre charmeur de cobras est définitivement hors de danger », diagnostiqua Delphine en regardant Prune.

Les deux jeunes filles avaient veillé tout le reste de la nuit au chevet de Ludo. Dehors, le jour commençait à se lever.

« On peut dire que je me suis fait un sang d'encre ! plaisanta Prune en observant la pâleur de son ami.

— Ne te réjouis pas si vite ! Cuong va sûrement nous préparer un autre mauvais coup dès qu'il apprendra que son stratagème a échoué. Il a dû placer des hommes à lui partout. »

Prune, trop absorbée par l'état de santé de Ludo, n'avait pas envisagé cette éventualité.

« Bien raisonné, Delphine. Il faut trouver un moyen pour se rendre à l'aéroport sans qu'il se doute de quoi que ce soit. »

Prune lâcha la main de Ludo et se mit à marcher de long en large à la recherche d'une solution. Malgré sa nuit très courte, son esprit fonctionnait à cent à l'heure.

Son regard s'arrêta sur un vieux linge grisâtre :

« J'ai trouvé !

— Moins fort, tu vas ameuter tout le village.

— Ka'Kho, lança-t-elle à l'enfant qui venait de se réveiller. Nous allons encore avoir besoin de toi. Fais courir dans le village le bruit que nous sommes morts. Va chercher de gros morceaux de bois que nous recouvrirons de vieux draps, en guise de linceuls. »

Le garçon la regardait, bouche bée.

« Tu perds la tête, ma pauvre amie, dit Delphine, les yeux ronds.

— Pas du tout. Si on fait semblant d'être morts, Ka'Kho pourra faire rapatrier nos corps jusqu'à la léproserie. Les hommes de Cuong n'y verront que du feu. »

Delphine sourit. L'idée était loin d'être bête.

« Prune, tu es aussi diabolique que Cuong ! »

13

Carte blanche pour l'UMI

L'asphalte noir du petit aéroport de Ban Me Thuot brillait sous un soleil de plomb. Çà et là, les traces de pneus formaient de larges zébrures sur la piste d'atterrissage. Le petit bi-moteur du ministre de la Santé venait d'atterrir dans l'effervescence générale. Alors que ses moteurs tournaient encore, une soixantaine d'écoliers s'étaient soigneusement disposés en arc de cercle autour de l'appareil. En chemise blanche et foulard rouge, ils se mirent à agiter de petits drapeaux dès que le ministre apparut en haut de la passerelle. Derrière eux, Cuong, entouré de ses proches collaborateurs, veillait aux moindres détails de cette cérémonie officielle. Il affichait un large sourire...

Le Vietnamien aurait certainement perdu sa superbe s'il avait aperçu, derrière lui, cinq silhouettes qui couraient sur le tarmac de l'aéroport en direction de l'avion : Prune, en tête, suivie de Ka'Kho, sœur Bernadette et Delphine.

Ludo, encore faible, avait du mal à soutenir le rythme.

« Allez, plus vite ! Le ministre est déjà arrivé ! bougonnait Prune.

— Ne crie pas si fort, Cuong risquerait de nous remarquer ! fit Delphine, que cette nouvelle aventure n'enthousiasmait guère.

— Ne t'inquiète pas, il est trop préoccupé par le bon déroulement de sa cérémonie. En plus, il nous tourne le dos. »

Dans un dernier effort, la petite troupe fendit la foule et se précipita au pied de la passerelle, bousculant quelques écoliers au passage.

Le ministre, surpris d'une telle intrusion, s'immobilisa au milieu des escaliers. Grand, cheveux blancs plaqués en arrière, il affichait une mine sévère.

« Qu'est-ce que cela signifie ? lança-t-il, agacé, à son garde du corps.

— Monsieur le ministre, réagit Prune, immédiatement. Nous souhaiterions que vous nous accordiez quelques minutes. Nous avons des révélations capitales à vous faire ! » enchaîna-t-elle, rouge comme un poivron.

A la vue de l'équipe de l'UMI, le visage de Cuong s'était décomposé.

« Ce n'est pas possible, se dit-il. Ils sont morts... »

Devant le petit groupe, en train de parler au ministre, ses traits se figèrent en un rictus de haine.

« Ils se sont encore joués de moi ! pensa-t-il. Impossible d'intervenir sans éveiller les soupçons du ministre. »

Derrière ses lunettes rondes, ses yeux bridés lançaient des éclairs de rage.

« Monsieur le ministre, mon amie a raison, intervint Ludo, hors d'haleine, le visage livide. Il faut que nous vous parlions de toute urgence au nom de l'UMI, l'association médicale française que nous représentons. C'est très important ! »

Intrigué, le ministre balaya du regard cet étrange comité d'accueil.

« Très bien ! Je vous accorde deux minutes. Le temps de marcher jusqu'à ma voiture ! J'espère que vous serez convaincants ! »

Le ministre paraissait soucieux. Le récit des jeunes gens semblait avoir fait mouche. Il ne les avait pas interrompus une seule fois.

« Qui me dit que vous ne m'avez pas menti ? finit-il par demander dans un dernier sursaut d'incrédulité.

— Vous n'avez qu'à interroger Cuong lui-même. Vous verrez bien sa réaction ! » lança Prune, contrariée.

Tous cherchèrent du regard le président du Comité Populaire. Il avait disparu.

« Il s'est volatilisé ! Sa disparition m'a tout l'air d'un aveu de culpabilité, fit remarquer Ludo, impassible.

— Effectivement, cela me paraît curieux... Vous savez où il habite ?

— Il nous a même invités chez lui ! » s'exclama Prune.

Sans en attendre l'autorisation, elle s'engouffra dans la voiture du ministre, suivie de toute la petite équipe.

« C'est ici ! » fit Ludo en désignant la villa coloniale en partie détruite par l'incendie.

Le chauffeur gara la voiture officielle près de celle de Cuong.

« Nous allons le cueillir comme une mangue mûre ! » chuchota sœur Bernadette en ouvrant la portière.

Prune, Ludo et Ka'Kho se ruèrent vers le perron, gravissant les marches quatre à quatre. Delphine, sœur Bernadette et le ministre suivaient plus posément.

Le cœur battant, Prune ouvrit la porte sans frapper. Personne. Le hall était désert. Seule une odeur de bois brûlé flottait dans l'air.

« Il ne doit pas être bien loin ! fit la jeune fille, en s'élançant vers le salon.

— En tout cas, il ne nous attend pas avec une tasse de thé, ironisa Ludo en découvrant la pièce vide. Allons voir dans son bureau. Il rédige peut-être son testament politique ! »

Le bureau était somptueusement décoré de fresques peintes à l'encre de Chine sur les murs. L'une d'elles représentait un Européen portant le casque colonial, sans doute le bâtisseur de cette demeure, en train de diriger la récolte dans la plantation de café. Dans une vitrine, trônait une fabuleuse collection de porcelaines de Chine tandis qu'un secrétaire en bois précieux occupait le milieu de la pièce. Prune se précipita sur les tiroirs.

« Ça m'étonnerait que Cuong soit caché là-dedans ! fit remarquer Ludo.

— Cuong non, mais mes films, oui ! » s'exclama Prune, en brandissant ses rouleaux de pellicules ainsi que son vieux boîtier K 1000.

Ludo laissa son amie en tête à tête avec son cher reportage et se dirigea vers la porte-fenêtre entrebâillée. Il sortit sur la terrasse, très vite rejoint par Ka'Kho.

« Toujours pas Cuong ! s'exclama le petit Vietnamien, en faisant sursauter son ami.

— Pas la moindre trace. Chut !

— Toi allé voir là ? chuchota-t-il en désignant la partie gauche du balcon qui courait autour de la villa.

— Pas encore. Viens. »

Ludo et Ka'Kho longèrent en silence le balcon qui dominait tous les plants de café.

« Mon Dieu ! » s'écria Ludo, en s'arrêtant brusquement devant une des fenêtres.

Avec un petit gémissement, Ka'Kho se serra contre lui. Prune qui venait de les rejoindre se pencha par-dessus l'épaule du jeune homme. Aussitôt, elle fit un bond :

« Cuong ! On dirait qu'il est mort ! »

Étendu sur un tapis chamarré, l'homme semblait apaisé. Les manches de sa chemisette blanche étaient remontées jusqu'aux coudes. Ses veines bleues se détachaient sur la blancheur de sa peau.

« Peut-être malade, murmura Ka'Kho.

— Je ne crois pas », répondit Ludo, pénétrant dans la pièce.

Delphine, sœur Bernadette et le ministre de la Santé arrivèrent au moment où le jeune pédiatre se penchait sur le corps inerte.

« Vous l'avez assommé ? demanda le ministre, impressionné par le spectacle.

— Je suis médecin, pas boxeur ! répliqua Ludo, du tac au tac.

— Regardez ! C'est horrible ! » hurla Delphine, en se serrant contre Prune.

Au-dessus d'eux, un immense vivarium laissait transparaître les corps entrelacés d'une vingtaine de cobras aux yeux meurtriers. L'un d'eux se redressa et tenta une attaque foudroyante. Sa tête s'écrasa sur la vitre dans un bruit sourd.

Sans perdre son sang-froid, Ludo colla son oreille contre le cœur de Cuong.

« Il est mort ! conclut-il.

— Crise cardiaque ? demanda le ministre.

— Non ! Morsures de cobra, diagnostiqua le jeune pédiatre, en désignant deux entailles au bras et au poignet.

— Souvenez-vous de la menace de Cuong, intervint Delphine, encore tremblante. Le baiser du cobra est mortel !

— Il s'est peut-être suicidé pour ne pas perdre la face aux yeux de tous, dit Ludo.

— Ou alors, il préparait sa revanche ! suggéra Prune.

— Suicide ou accident ? Seul Dieu le sait ! trancha sœur Bernadette. Cuong a emporté son secret avec lui. »

Le ministre de la Santé, qui était resté un peu en retrait, s'approcha des jeunes gens.

« En tout cas, je suis maintenant convaincu par votre récit. Je ne sais comment vous remercier pour votre courage à tous. Jamais je n'aurais soupçonné Cuong. Il fut un grand héros pendant la guerre.

— La vengeance du cobra lui a évité le déshonneur d'un jugement, conclut Ludo, l'air grave.

— *La vengeance du cobra,* voilà un excellent titre de roman policier, glissa sœur Bernadette à l'oreille de Prune.

— Maintenant, il faut rattraper le temps perdu, poursuivit le ministre. Je vais tout mettre en œuvre pour que l'UMI puisse mener à bien sa mission auprès des montagnards dans les plus brefs délais. Dès demain, une voiture avec chauffeur sera mise à votre disposition et vous conduira là où vous le souhaitez. Vous avez carte blanche ! »

Épilogue

Dix jours ont passé...

« Madame Yen, vous remercierez le ministre de la Santé d'avoir mis son avion personnel à notre disposition », déclara Ludo, d'une voix éraillée.

Le jeune médecin était exténué par dix jours de travail intensif.

« C'est à moi de vous remercier, fit Mme Yen. Grâce à vous, la mission est en place. Les consultations médicales sont déjà assurées dans plusieurs villages et deux dispensaires fonctionnent. Sans vous, rien n'aurait été possible ! »

Au pied de la passerelle, Delphine, Ka'Kho et sœur Bernadette formaient une haie d'honneur autour du jeune pédiatre et de son inséparable Prune.

« Berny, tu es plus élégante qu'une princesse de l'Annam », siffla Ludo.

Vêtue d'un *Ao Dai*, la tunique traditionnelle vietnamienne, sœur Bernadette était méconnaissable. Sa tunique blanche brodée de fleurs rouges éclatantes mettait en valeur la finesse de ses traits, tandis que ses longs cheveux noirs relevés en chignon lui donnaient des airs de madone.

L'intrépide religieuse ne put réprimer une légère rougeur :

« Le commissaire Maigret sait aussi être élégant quand les circonstances l'exigent... Mais ne vous approchez pas trop près car je sens un peu la naphtaline !

— Delphine, ne prends pas cet air de chien battu ! s'exclama Prune, amusée par le visage grave de son amie.

— Je déteste les adieux, répliqua la jeune infirmière, en ajustant ses lunettes de soleil.

— Berny, je te la confie. C'est elle qui prend le relais de la mission. »

Un grand sourire fit rayonner le visage de la religieuse.

« N'aie crainte, Prune. Je veillerai sur elle comme sur ma collection de romans policiers.

— Merci pour tout, Berny. Tu es vraiment une femme exceptionnelle !

— Prune a raison, renchérit Ludo, en embrassant la religieuse. Sans ton courage et ta perspicacité, nous n'aurions jamais pu mettre en place cette mission.

— Eh bien, Ka'Kho, tu as perdu ta langue ! fit remarquer Prune, en ébouriffant la tignasse du petit montagnard.

— Non. Moi réfléchir, répliqua-t-il.

— C'est une manie chez toi ! » fit Ludo, en imitant l'air sérieux de l'enfant.

Plus grave que jamais, Ka'Kho leur tendit une grosse enveloppe.

« Moi expliquer toutes nos aventures à mon correspondant François. Vous pouvoir lui donner lettre ?

— Bien sûr ! Nous nous en occuperons dès notre arrivée à Paris. Il y a autre chose qui te ferait plaisir ?

— Oh oui ! Cartes postales de Tour Eiffel pour montrer à mes amis de l'école.

— Sacré numéro ! » fit Prune, et elle souleva le garçon, en l'embrassant sur ses deux joues. « On t'enverra plein de cartes postales, tu verras. »

Après les derniers adieux, les deux jeunes gens gravirent lentement les marches de la passerelle. Le bimoteur du ministre allait les emmener vers Saigon, où ils devaient prendre le premier vol pour Paris.

« Au revoir et merci ! » lancèrent-ils en chœur, du haut de l'escalier de fer.

Prune et Ludo s'engouffrèrent dans la carlingue et choisirent les deux sièges à l'avant gauche de l'appareil. Ils étaient à peine installés que déjà les deux turbopropulseurs se mettaient en marche dans un vacarme infernal.

Le nez collé au hublot, Prune et Ludo agitaient la main pour un ultime adieu à leurs amis, quand, soudain, ils aperçurent Delphine se mettre à courir à côté de l'avion.

« Mais notre infirmière a perdu la raison, s'écria Ludo, en se retournant vers Prune.

— Un peu de respect pour mon amie ! s'offusqua la jeune photographe. Je crois qu'elle essaye de nous dire quelque chose. »

Delphine avait placé ses mains en porte-voix et s'époumonait en tentant de couvrir le bruit des moteurs. En vain. Prune et Ludo lui firent signe qu'ils ne pouvaient pas l'entendre.

Découragée, Delphine baissa les bras et se mit à tracer quatre lettres dans le vide à l'aide de son doigt.

« I-N-E-S ! J'ai compris ! »

Prune leva son pouce pour signifier à son amie qu'elle avait reçu son message 5 sur 5.

« Elle a raison. On a oublié le cadeau d'Inès. Quel drame ! soupira Ludo.

— Parle pour toi ! »

Prune se baissa et fouilla dans son sac à dos. Le pauvre sac tout élimé était rempli d'objets les plus hétéroclites.

« Tu crois que ça lui plaira ? fit-elle, en brandissant une bouteille sous le nez de son ami.

— Mais c'est ignoble ! » s'exclama Ludo, dégoûté.

Un magnifique cobra flottait dans un alcool jaunâtre au milieu d'herbes médicinales.

« De l'alcool de cobra, dit Prune, en éclatant de rire. Une fabrication maison du père de Ka'Kho. Il paraît que c'est excellent pour la santé. Tu veux goûter ?

— Ah non... Ça jamais ! Je ne veux plus entendre parler de serpents. »

Table

LA FICHE MÉDICALE DU DR ALAIN DELOCHE

Paludisme : le «tueur»

Savez-vous quelle maladie tue le plus dans le monde ? Il s'agit du paludisme, responsable chaque année de la mort de plus d'un million de personnes, souvent des enfants. Pour cette raison, on l'a surnommé le «tueur».

L'histoire de la «fièvre des marécages»

Depuis des siècles, dans les pays chauds et humides, sévit la mystérieuse «fièvre des marécages».

Le premier progrès médical relève plutôt du hasard. En 1630, observant les Indiens du Pérou, l'explorateur Don Francisco Lopez découvre que l'écorce de l'arbre quinquina vient à bout de ces fortes fièvres. Il faut toutefois attendre deux siècles pour que des chimistes français extraient la quinine et élaborent les premiers véritables médicaments.

A la fin du XIXème siècle, en Inde, un médecin anglais révèle que le paludisme est transmis à l'homme par un moustique bien particulier, l'anophèle femelle. En piquant, il inocule dans le sang un parasite qui se développe et cause des dégâts considérables. Les globules rouges éclatent et libèrent des substances toxiques ; provoquant de fortes fièvres, ces substances attaquent le cerveau et les reins.

Plus de 100 millions de gens dans le monde portent ce parasite, parfois sans le savoir. Il peut se réveiller brusquement. Le malade est alors atteint d'une forte fièvre, au moins 40 °C. Le plus souvent, tout rentre dans l'ordre en deux ou trois jours... jusqu'au prochain accès de paludisme. Mais, parfois, la forte fièvre ne baisse pas et, en l'absence de soins, la personne affectée meurt en 24 heures...

Heureusement, tous les cas de paludisme ne sont pas mortels !

La «guerre» perdue de l'OMS

Dès la fin de la Deuxième Guerre, la fameuse Organisation Mondiale de la Santé (OMS) déclare une véritable guerre aux moustiques responsables de ce fléau. Des millions de dollars sont dépensés en insecticides... Peine perdue! En 1968, il faut se rendre à l'évidence: les moustiques ont appris à résister aux insecticides.

La course aux nouveaux médicaments

La seule solution reste de se protéger. Pas si simple! Jusqu'à présent, on n'a trouvé aucun vaccin.

Il existe plusieurs germes responsables du paludisme, répartis en fonction de grandes zones géographiques. Certains, comme le *plasmodium falciparum* – le plus dangereux et le plus répandu, en Asie notamment –, sont devenus rebelles aux médicaments à base de quinine. C'est la fameuse *résistance*. Les laboratoires cherchent en permanence des médicaments plus efficaces, mais les germes du paludisme apprennent très vite à résister à ces nouveaux traitements.

Dans cette guerre, car il s'agit bien d'une guerre, les populations d'Asie, d'Afrique et d'Amérique du Sud sont les grandes perdantes. Car faute d'argent, elles ne peuvent se protéger, ni se traiter.

Que faire quand on part en vacances dans un pays où sévit le paludisme?

Il faut se protéger. Comment? Par un traitement adapté, bien sûr, en demandant conseil à son médecin. Malheureusement, les médicaments ne sont pas toujours efficaces à 100%. Mieux vaut donc, sur place, éviter les piqûres de moustiques: manches longues le soir quand les moustiques attaquent, insecticides, crèmes répulsives, moustiquaires...

Mais ce qui est valable pour nous est difficile
pour les centaines de millions d'enfants des pays pauvres.
Une fois de plus, l'espoir vient des organisations humanitaires.
résentes dans les zones à risques, elles tentent de soigner
et surtout de protéger les populations locales.

Bien d'autres aventures attendent Ludo et Prune. Car les urgences auxquelles ils s'empressent de répondre se succèdent aux quatre coins de la planète. Ces histoires sont directement inspirées de missions réelles, telles qu'ont pu les vivre les french doctors des organisations humanitaires. Au Vietnam, des enfants comme Kako sont parrainés par « Enfants du Mékong »...

ENFANTS DU MÉKONG

SCOLARISER
NOURRIR
ÉDUQUER

• • •

Que fait l'association « Enfants du Mékong » ?

Fondée en 1958 par René Péchard, alors dentiste dans la capitale du Laos, cette association n'a qu'une vocation : aider les enfants et familles les plus démunis du Sud-Est asiatique. Depuis plus de 35 ans, « Enfants du Mékong » est aux côtés des victimes des guerres, des boat-people fuyant leurs pays, des familles désemparées dans les camps de réfugiés, et des enfants qui ne connaissent pas encore l'école.

• • •

Qu'est-ce que le Mékong ?

C'est le nom d'un fleuve d'Asie qui prend sa source en Chine et traverse le Laos, la Birmanie, la Thaïlande, le Cambodge et le Vietnam. Il fait un parcours de plus de 4 000 kilomètres et termine sa course dans le delta du Sud du Vietnam.

• • •

Dans quels pays agit l'association ?

Aujourd'hui, « Enfants du Mékong » est présente au Vietnam, au Cambodge, et en Thaïlande ; à travers plus de 150 écoles, ce sont près de 8 500 enfants qui bénéficient d'une bonne scolarité, d'une nourriture équilibrée et de soins.